힐러리처럼 도전하라

힐러리처럼 도전하라

초판 1쇄 발행 | 2017년 1월 6일

지은이 | 채복기

발행처 | 이너북
발행인 | 김청환

책임기획편집 | 이선이
편집 | 한성희

등록 | 제 313-2004-000100호
주소 | 서울시 마포구 독막로 27길 17(신수동)
전화 | 02-323-9477, **팩스** 02-323-2074
E-mail | innerbook@naver.com
블로그 | http://blog.naver.com/innerbook
페이스북 | https://www.facebook.com/innerbook

ⓒ 채복기, 2017
ISBN 979-11-957841-8-9   03320

「이 도서의 국립중앙도서관 출판예정도서목록(CIP)은 서지정보유통지원시스템 홈페이지
(http://seoji.nl.go.kr)와 국가자료공동목록시스템(http://www.nl.go.kr/kolisnet)에서 이용하실 수
있습니다.(CIP제어번호: CIP2016029852)」

'옳은 것'을 위한 꿈의 행진은 멈추지 않는 다

힐러리처럼 도전하라

채복기 지음

이너북

미국 대선에서 충격적인 패배를 당한 다음 날, 힐러리 클린턴이 한 13분짜리 연설은 세계를 울렸다.

이번 제45대 미국 대통령 선거에서 가장 높은 유리천장에 도전한 힐러리 클린턴은 단순한 민주당 후보 이상이었다. 그가 한 연설에는 여성들, 특히 젊은 여성들에게 전하는 당부와 위로의 메시지가 담겨 있다.

『감사합니다, 감사합니다.

지난밤에 저는 도널드 트럼프의 당선을 축하하고, 미국을 위해 그에게 협조하겠다고 제의했습니다. 그가 모든 미국인을 위해 성공적인 대통령이 되기를 바랍니다.

이 모든 것은 우리가 원했던 결과는 분명 아닙니다. 우리가 가진 가치와 비전을 지키기 위해 나섰던 이 선거에서 이기지 못한 것이 유감입니다. 그러나 저는 우리가 함께 이뤄낸 이 아름다운 선거운동에 자부심과 감사를 느낍니다. 이 방대하고, 다양하고, 창조적이고, 역동적인 선거운동 말입니다. 여러분은 최고의 미국을 대표합니다. 여러분의 후보였던 것은 제 삶의 가장 큰 영광이었습니다.

여러분이 얼마나 낙심했을지 압니다. 저도 그렇기 때문입니다. 이 선거운동에 꿈과 희망을 걸었던 몇십, 몇백만 명의 미국인들도 같은 심정일 것입니다. 이 기분은 고통스러운 감정이고, 그 고통은 꽤 오랫동안 남을 것입니다. 그러나 저는 여러분이 이것을 기억해 주기를 바랍니다.

우리의 목표는 한 사람이나 한 번의 선거에 관한 것이 아니었습니다. 우리가 사랑하는 나라, 희망적이고, 포용적이고, 너그러운 미국을 만드는 것이었습니다. 우리는 미국이 우리가 생각했던 것보다 더 분열되어 있다는 것을 확인했습니다. 그러나 저는 아직 미국을 믿고, 앞으로도 그럴 것입니다. 여러분도 그렇게 생각한다면 우리는 결과에 승복하고 미래를 바라봐야 합니다. 도널드 트럼프가 우리의 대통령이 될 것입니다.

우리는 그에게 열린 마음, 그리고 리더가 될 기회를 주어야 합니다. 헌법에 보장된 우리의 민주주의는 권력의 평화적인 양도를 수호합니다. 민주주의는 또한 법치주의와, 모든 사람이 권리와 존엄성에 있어 평등하다는 원칙, 종교와 표현의 자유를 수호합니다. 우리는 이 가치를 존중하고 보존하며 지켜내야 합니다.

또한, 헌법에 보장된 민주주의는 우리의 참여를 필요로 합니다. 4년에 한 번뿐만이 아니라 항상 말입니다. 그렇기에 우리가 소중히 하는 가치를 발전시키기 위해 최선을 다합시다. 경제가 상위 계층만이 아닌 모두를 위해 돌아가도록 하고, 미국을 보호하고 환경을 보호하는 것, 또 미국인이 꿈을 좇는 것을 가로막는 어떤 장벽이든 깨는 것 말입니다.

우리는 지난 1년 반 동안 모든 소외된 사람들에게 한목소리로 아메리칸 드림은 누구에게나 가능하다고 말할 수 있도록 힘썼습니다. 모든 인종, 모든 종교, 모든 성별, 이민자, 성소수자, 장애인, 모두에게 말입니다.

그렇기 때문에 이제 시민으로서의 우리 의무는 우리가 추구하는 더 좋고 더 강하고 더 공정한 미국을 건설하기 위해 우리의 몫을 계속해 나가는 것입니다. 여러분이 그렇게 해줄 것을 믿습니다. 여러분과 함께할 수 있어서 너무나 감사합니다.

이 여정을 함께해 준 것에 대해 팀 케인과 앤 홀튼에게 감사를 표하고 싶습니다. 그들을 더 깊이 알게 된 것은 큰 기쁨이었고, 팀이 계속 상원에서 버지니아 주를 대표하며 민주주의의 선봉에 서 있을 거란 사실은 제게 큰 희망과 위안이 됩니다.

또한 나의 '지원 유세'에 함께하며 힘을 실어준 오바마 대통령 부부에게 감사드립니다. 우리 모두는 두 분에게 '감사'라는 빚을 졌습니다. 두 사람의 품위 있고 단호한 리더십은 미국인들과 전 세계인에게 큰 의미였습니다. 그리고 빌, 첼시, 마크, 샬럿, 에이던, 형제들과 가족 모두에게, 말로 표현할 수 없을 만큼 사랑합니다. 여러분은 우리를 위해 이 나라를 가로질렀고, 가장 필요할 때에 저를 북돋아주었습니다. 엄마와 함께 여행했던 4개월 된 에이던마저도 말입니다. 저는 브룩클린의 본부, 또 전국에서 저와 함께해 준 이 창의적이고, 재능 있고 헌신적인 사람들에게 언제나 감사할 것입니다.

여러분은 이 선거운동에 진심을 담았습니다. 참전 용사 여러분, 여러분 중에는 선거운동이 처음인 분들도, 또 그렇지 않은 분들도 있을 것입니다. 여러분은 상상할 수 있는 최고의 선거운동원이었음을 여러분 모두가 알아주기를 바랍니다.

수많은 자원봉사자들, 지역사회 리더들, 활동가들, 조합원들이 문을 두드리고, 이웃을 설득하고, 페이스북에 글을 올렸습니다. 페이스북 비밀 그룹 같은 곳에도 말입니다. 이제는 모두가 밖으로 나와 목소리를 들려주기를 바랍니다. 작은 5달러부터 시작해서 기부금을 보내주신 모든 분들께 감사를 전합니다.

그리고 특히 젊은이들, 여러분이 들어주기를 바랍니다. 팀이 말했듯 저는 제 신념을 위해 싸우는 데 제 삶을 바쳤습니다. 성공도 있었고 시련도 있었습니다. 가끔은 아주 고통스러운 시련이었습니다.

여러분 중 많은 분들이 각자의 전문적이거나, 공적이거나 정치적인 커리어를 시작하는 단계에 있을 것입니다. 여러분 또한 성공과 시련을 겪을 것입니다.

이 시련은 고통스럽지만, 정의를 위해 싸우는 것이 그만한 가치가 있다는 것에 결코 믿음을 잃지 않기를 바랍니다. 정말 그만한 가치가 있습니다. 그래서 여러분이 여러분의 남은 삶 동안 계속 싸워주어야 합니다.

그리고 이 선거운동과 저를 믿어준 모든 여성들, 특히 젊은 여성 여러분! 여러분의 챔피언이었다는 사실은 그 어떤 것보다도 자랑스러운 일이었습니다.

우리는 세상에서 가장 높고 단단한 유리천장을 아직 깨지 못했습니다. 그러나 언젠가, 누군가가 반드시 해낼 겁니다. 우리가 지금 생각하는 것보다 가까운 미래겠지요.

지금 이 장면을 지켜보는 모든 소녀 여러분! 여러분은 소중하고 강한 존재들입니다. 여러분의 꿈을 추구하고 이루기 위해 세상의 모든 기회와 가능성을 누릴 자격이 있는 존재임을 결코 의심하지 마십시오.

마지막으로, 우리나라와 저에게 주어진 모든 것에 너무나 감사합니다. 또한 저는 어느 때보다 깊이, 우리가 함께 우리의 차이를 존중하며 굳은 신념과 나라를 사랑하는 마음으로 노력한다면, 앞날은 더욱 밝을 것이라고 믿습니다.

왜냐하면 우리는 함께할수록 강하며 함께 나아갈 것이기 때문입니다. 여러분은 이를 위해 싸우는 것을 결코 후회하면 안 됩니다.

성경에는 '우리가 선을 행하되 낙심하지 말지니 포기하지 아니하면 때가 이르매 거두리라.'라는 구절이 있습니다. 우리가 각자 믿음을 가지고 선한 일에 힘쓰면 적정한 때에 수확할 것임을 확실히 믿습니다.

친구들, 우리 서로를 믿고, 지치지 말고, 믿음을 잃지 맙시다. 앞으로 더 많은 날들과 더 할 일이 남아 있기 때문입니다. 이 중대한 선거에서 여러분 모두를 대표할 기회를 가져서 너무나 영광이었고 감사했습니다.

여러분과 미국에 축복이 있기를.』

* * * * * * * * * * * * * * * * *

감동과 전율의 연설이었다. 기립박수로 힐러리를 맞이하는 수많은 지지자들은 감정이 복받쳐 울음을 터뜨렸다. 힐러리는 남편 빌 클린턴 전 대통령과 딸 첼시, 러닝메이트로 함께 뛰었던 팀 케인 부통령 후보 부부 등과 포옹한 뒤 눈시울을 붉히며 연단에서 내려왔다.

힐러리 클린턴이 그간 있었던 수많은 일들을 떠올리며 담대하게 받아들이는 그의 모습은 눈부시게 아름다웠다. 비록 원하는 결과를 얻지 못했지만, 자신이 '옳은 것'을 위해 도전해 온 과정을 지켜보는 그의 모습은 전율을 느끼기에 충분했다

2016년도의 대선 결과는, 지금까지 쌓아놓았던 클린턴 가문의 유산들이 빛을 잃어버릴지도 모를 정도로 위기 상황이었다.

그러나 그의 아름다운 퇴장 뒤에도 그의 유산들은 여전히 남아 있었다. 우리는 무대 위에서 내려가는 그를 보면서, 그가 이루고자 한 꿈이 우리 모두의 꿈임을 깨닫게 되었으니까 말이다.

비록 그 꿈이 지금 당장 이루어지지는 않았지만, 어려움 속에서도 결코 포기하지 않고 도전했던 그의 목표와 삶의 자세는 우리에게 새로운 희망과 용기를 불러 일으켜주기에 충분했다.

특히 상황적 제약 때문에 힘에 부쳐 많은 것을 포기하고 살아가는 여성들과 갖은 시련 속에서 절망하는 수많은 사람들은 다시 일어설 수 있는 계기를 마련할 것이고, 리더가 되기를 원하는 사람들은 어떤 시련에도 굴하지 않고 도전을 멈추지 않은 힐러리처럼 자신이 꿈꾸는 새로운 미래를 향해 행진을 계속할 것이다.

힐러리 로뎀 클린턴!

이제 그가 걸어온 삶의 흔적과 아름답게 퇴장하는 모습은 역사와 함께 우리들의 가슴속에 새겨져, 우리들의 곁에서 오랫동안 살아 숨 쉴 것이다.

:: 차 례 ::

프롤로그   4

Part 1
미국 첫 여성 대통령, 그 길은 멀고 험했다

1 유리천장의 벽을 넘지 못했다   17
2 수많은 일들이 돌부리처럼 튀어나왔다   22
3 숱하게 배신을 당했다   31
4 막바지에 이메일 재수사가 거론되어 발목을 잡았다   38
5 당당함이 지나쳐 오만하단 이미지로 변해버렸다   48

Part 2
그를 특별하게 만든 힘은 무엇이었을까?

6 '옳은 것'을 위한 오래된 야망   57
7 엄청난 양의 독서   65
8 미래를 내다보는 직관, 3D 사고 능력   74
9 흔들리지 않는 강력한 리더십   80
10 세상과의 소통 능력   87
11 뛰어난 언변과 전달 능력   95

Part 3
힐러리가 보여준 리더로서의 면모

12 겸손한 성품을 가진 힐러리   103

13 따뜻한 카리스마를 지닌 힐러리   112

14 냉철하고 지혜로운 힐러리   117

15 분노를 조절할 줄 아는 힐러리   125

16 기득권을 버릴 줄 아는 힐러리   134

Part 4
사람을 통해 꿈에 다가갔다

17 자신의 일에 최고인 사람들을 만났다   145

18 좋은 멘토를 찾았다   152

19 자신의 사람으로 만드는 능력을 키웠다   161

20 배우자와의 관계를 잘 이끌어 나갔다   169

Part 5
그가 남긴 아름다운 족적들

21 약자들의 아픔을 대변하는 변호사　　　　　　　　183

22 국제무대에서 빛을 발한 뛰어난 외교가　　　　　192

23 비록 완벽하지 않지만, 모든 여성의 롤 모델　　　201

Part 6
멈추지 말고, 꿈을 향해 달려가라

24 자신을 이기는 힘을 키워라　　　　　　　　　　211

25 끊임없이 자기계발을 해라　　　　　　　　　　　216

26 시련은 잠깐 지나가는 터널일 뿐이다　　　　　　226

27 여성, 더 많은 일을 할 수 있다는 확신을 가져라　237

28 마지막 순간까지 포기하지 마라　　　　　　　　249

29 멈추지 말고, 꿈을 향해 달려가라　　　　　　　260

◇ 힐러리 클린턴의 발자취　　　　　　　　　　　　265

◇ 참고 문헌　　　　　　　　　　　　　　　　　　268

Part 1

미국 첫 여성 대통령,
그 길은 멀고 험했다

1

유리천장의 벽을 넘지 못했다

2008년, 뉴욕 소재 마리스트Marist 대학 여론연구소에서 등록 유권자 931명을 대상으로 설문조사를 실시했다. 결과에 따르면 여성 대권주자인 민주당의 힐러리 클린턴이 대선에서 당선될 가능성이 생각보다 매우 낮았다. 유권자의 60% 이상이 '힐러리의 대통령 당선은 매우 힘들 것'이라고 생각하는 것으로 분석됐다. 특히 차기 대선 때 여성 대통령 후보에게는 절대 표를 던지지 않겠다고 응답한 사람이 무려 27%에 달했다. 그 이유는 단 하나, 단지 여성이라는 것 때문이었다. 보수 성향의 유권자들이 최고지도자로 여성을 꼽는 데 여전히 주저하고 있다는 것을 짐작케 하는 결과였다.

심지어 민주당 안에서도 너무 잘난 그를 두고, 미국 역사상 가장 유명한 여성으로 불리는 것이 오히려 단점일 수 있다는 지적이 나왔다. 한마디로 '너무 똑똑해서 오히려 두려운, 그를 막아라.'라는 말까지 서슴지 않고 터져 나왔던 것이다.

그렇다. 여성이 대통령이 된다는 것은 어쩌면 불가능한 일인지도 모른다. 그것도 세계의 대통령이라고 불리는 미국에서 말이다.

그럼에도 불구하고 힐러리 클린턴은 새로운 역사의 한 페이지를 활짝 열기 위해 과감하게 도전장을 내밀었다. 하지만 여전히 굳건하게 가로막고 있는 유리천장(여성이나 소수민족 출신자들이 고위직으로 승진하는 것을 막는 보이지 않는 장벽)을 깨지 못했다.

선거가 끝난 후 힐러리 클린턴 민주당 후보가 이번 대선에서 패배한 원인에 대해 〈CNN〉은 한마디로 '백인 남성들의 지지를 받지 못했다. 특히 보수 성향의 유권자들로부터 외면당했기 때문이다.'고 진단했는데, 아무리 사회적 요소를 감안해도 여성의 대권 도전은 여전히 힘들다는 사실이 드러난 것이다.

그래서인지 독립 당시부터 민주주의 가치 실현에 목표를 두고 대통령제를 최초로 수용한 미국이지만, 여성 대통령은 여태까지 단 한 번도 등장한 적이 없었다.

초대 정부부터 현재까지 45명의 미국 대통령들은 모두 남성이었고, 그중 소수자 출신도 한 명에 불과하다. 즉 240년 넘게 백인 남성들만 대통령으로 선출되었던 것이다. 그 이유는 여전히 미국 내에 성별이나 인종에 대한 고정관념이 잔존하고 있기 때문이다.

하지만 비록 힐러리가 대통령이 되는 꿈은 이루지 못했다 할지라도, 그의 이번 대권 도전은 여성이기에 못할 일은 아무것도 없다는 것을 상징적으로 보여준 일대 사건이 되기에 충분했다.

힐러리의 가장 큰 무기는 자신의 여성에 대한 정체성의 확립이었다. 여성의 현실적 위치에 대한 냉정한 시각과 그러한 현실에 굴복하지 않고 나아가야 한다는 구체적인 전략, 그리고 거기에 따른 실행과 피나는 노력 말이다.

그렇다. 여자이니까 여성처럼만 살아가야 한다는 생각을 혹시 갖고 있다면, 그것은 이미 자기 스스로 삶의 울타리를 쳐버린 것이나 다름없다. 물론 이 사회가 여자를 그렇게 만들어버리거나 스스로가 원해서 그런 경우도 있을 수 있겠지만, '나는 여자이니까' 라는 생각으로 섣불리 단정 지어버린다면 자칫 힘들고 어려운 순간에 자신이 쳐놓은 울타리 안으로 너무 쉽게 숨어버릴 소지가 있으므로 이를 경계해야 한다. 또한 여자를 하나의 인격체라기보다 어떤 대상에 대한 종속적인 존재로 만들어버릴 수도 있으므로 더 이상 여자라는 이유로 유약함과 무기력함을 스스로에게 심어주어서는 안 되는 것이다.

그러기에 이제는 이 사회에 힐러리 클린턴처럼 도전하는 여성이 많이 나와야 한다. 여성도 얼마든지 큰 뜻을 품고 세상의 중심으로 나아갈 수 있다는 것을 보여주어야 할 때란 얘기다.

힐러리는 1947년 10월 26일 일리노이 주 시카고에서 체육학을 전공한 아버지 휴 엘즈워스 로댐과 어머니 도로시 하월 로댐 사이에서 태어났다.

독실한 기독교 신자인 아버지는 영국 웨일스 이민 후손으로 펜실베이니아 출신이며, 시카고 시내에서 조그만 섬유 관련 사업체를 운영했다. 힐러리는 기독교의 보수적인 집안 분위기에 맞게 모범적이면서 공부 잘하는 소녀 시절을 보냈으며, 그가 세 살 때 시카고 교외의 파크리지Park Ridge로 이주하여 그곳에서 고등학교(메인 이스트 고등학교)를 상위권으로 졸업했다.

그는 어린 시절부터 활동적이었으며 정치에도 관심이 많았다. 특히 수영과 발레, 테니스 같은 스포츠를 좋아했으며 걸 스카우트 활동을 오래하면서 지도력을 한껏 키우기도 했다. 그런가 하면 학생 시절부터 사회 문제나 정치에 관심이 많았던 것 같은데, 재미있게도 고등학교 때는 공화당을 지지하는 보수 성향을 보였다. 아마도 가족과 주변사람들이 모두 공화당 지지자들이었던 영향이 아니었을까 싶다. 한때 그는 상원의원과 결혼해서 조지타운에 살고 싶다는 꿈을 꾸기도 했지만, 무엇이든 스스로 해내야 직성이 풀리는 자립심 강한 어른으로 성장했다.

그가 걸어온 길은, 정치의 중요성에 일찍 눈을 뜬 공부 잘하는 소녀가 젊은 법조인으로 시작하여 주지사 부인과 대통령 부인 그리고 상원의원과 국무장관을 역임한 후 온갖 역경을 다 극복하고 미국 최초로 주요 정당의 첫 번째 여성 대통령 후보가 되었다고 요약된다.

이 땅의 인구 중 거의 절반은 여성이다. 여성이기에 도전이 좌절되거나 한계에 부딪히는 일은 너무나 많다. 독일의 메르켈 총리는 이혼의 아픔까지 겪었다. 그리고 영국의 마거릿 대처 수상은 '철의 여인Iron Lady'이라는 등으로 무수한 비난까지 받았다. 하지만 그들은 가진 조건이 열악했음에도 불구하고, 오히려 여성이라는 힘을 바탕으로 자신들의 능력을 만들어낸 멋진 여인들이었다.

힐러리도 그러한 여성 중 한 사람이다. 그는 여성이라는 단점 외에도 때로는 두려움과 외로움, 그리고 그의 앞을 가로막고 있는 수많은 위기와 부딪혀야 했다. 하지만 그는 어느 한순간도 맥없이 주저앉거나 포기하는 법 없이, 그 누구보다도 열심히 준비하고 노력하여 자신이 꿈꾸어 왔던 미래의 밝은 빛을 향해 끊임없이 나아가는 모습을 보여주었다.

이번 대선에서도 원하는 결과를 얻지 못했지만, 눈앞에 닥친 현실에 의연하게 대처하는 모습을 볼 수 있었다는 것은 동시대를 살아가는 우리 모두에게 주어진 축복이 아닌가 싶다.

2

수많은 일들이 돌부리처럼 튀어나왔다

2016년 7월, 민주당 대선후보 힐러리 클린턴의 대세론이 이어지면서 미국 대선에서 첫 여성 대통령이 탄생할 확률이 한층 높아지고 있을 때였다. 그때까지만 해도 백악관 출입기자들이 꼽는 가장 유력한 차기 대통령으로 선정되기도 했으며, 무려 67% 이상의 지지율로 여야를 통틀어 가장 유력한 대선주자로 떠올랐다.

그런 그에게 서서히 위기의 그림자가 드리우기 시작했다. 대선이 가까워지면서 국무장관 재직 시 개인 이메일을 사용한 이메일 스캔들 여파가 불거져 지지율 하락으로 이어진 것이다. 그의 지지율은 51%에서 무려 37%까지 곤두박질 쳐버렸다. 그리고 그 틈을 타 지지율 38%에 불과하던 미국 최초의 아웃사이더 후보 도널드 트럼프가 치고 올라오며 여론조사 곳곳에서 힐러리를 앞지르기 시작했다. 그리고 이후로도 줄곧 트럼프의 인기가 계속 치솟아 '힐러리 대세론'

을 무섭게 위협했다. 설상가상으로 위키리크스까지도 힐러리 때리기에 적극적으로 합류하기 시작했다.

　뿐만 아니었다. 민주당의 대선후보로 선출된 이후에는 공화당에서 클린턴재단의 외국인 후원금 모금, 이라크 전쟁에 찬성표를 던진 것, 고액 강연료 등을 비롯한 특권층 이미지를 끄집어내며 집중포화를 퍼부어댔다. 한마디로 힐러리에게는 대형 악재였다.
　거기에다 30여 년 전 변호사 시절에 유죄란 걸 알면서도 여아 성폭행범을 변호해 감형시켜 준 걸 자랑했던 육성 테이프가 또다시 공개되어, 어린이와 여성에 대한 인권 신장을 기치로 내세우는 힐러리에게 그야말로 최악의 암초가 되었다. 그러자 대선을 떠나 앞으로의 정치생명마저 위험해질 수 있다는 의견이 곳곳에서 터져 나왔다.
　변호사 · 영부인 · 상원의원 · 국무장관 등 풍부한 경험을 갖고 있는 힐러리이지만, 그 과정 중에 있었던 스캔들과 과실 등이 언제 터질지 모르는 시한폭탄이 되어 대통령으로 가는 길목에 서 있는 그의 발목을 붙잡고 늘어진 것이다.

　그런데 그의 위기는 여기서 끝이 아니었다. 공화당 전국위원회는 그의 과거와 관련해서 이미 수십 년에 걸쳐 자행된 비밀 스캔들의 기록이 있다고 총공세를 퍼붓기 시작했다.
　남편이 아칸소 주지사로 일할 당시 성관계를 요구했다는 이유로 주 공무원이었던 폴라 존스로부터 피소된 일이나, 기자 출신인 제니퍼 플라워스와 친밀한 관계였다는 폭로 등을 들먹였다. 그리고 가장 큰 파장을 불러일으켰던, 클린턴이 대통령으로 재직하던 시절에 당시 백악관 인턴이던 모니카 르윈스키 등과 벌여온 성 추문까지 다시 거론했다. 끊임없이 그를 괴롭히는, 그야말로 평생을 따라다니는 시련이었다.

그러나 그것보다 더 큰 핵폭탄은 당시 클린턴 대통령이 이 사실을 숨기려고 거짓말로 위증하고 사법 방해 혐의로 하원 탄핵까지 받았던 일을 또다시 들고 나오며 조력자인 힐러리도 대통령 후보 자격이 없다고 몰아붙인 것이었다.

'르윈스키 스캔들'은 정말이지 지긋지긋하게 그를 따라다녔고, 위기와 시련은 좀처럼 끝날 기미를 보이지 않았다. 위기의 순간들을 다 나열한다면 몇 권의 책으로도 모자랄 지경이었다.

거기에다 힐러리의 건강 문제도 그의 발목을 잡았다. 오바마 2기 행정부가 출범한 후 국무장관 재직 중에 바이러스성 위 질환으로 쓰러지는 과정에서 뇌진탕까지 겹쳐 2주 정도 요양한 적이 있었다. 그리고 상황이 더 좋지 않아 다시 혈전 증세로 입원했는데, 이를 두고도 일부 사람들은 '실어증'을 앓고 있다고 몰아붙였다.

결국 얼마 후 존 케리가 힐러리의 뒤를 이어 국무장관에 임명되었다. 뿐만 아니라 대선 두 달을 앞두고 폐렴 증세로 휘청거리는 힐러리의 모습이 전파를 탔는데, 이때도 지지율이 10% 가까이 곤두박질쳐서 트럼프에게 또다시 역전되기도 했었다. 그야말로 침몰 직전에 놓인 절체절명의 순간이었다.

그런데 여기서 다 끝난 것이 아니었다. 또 터져 나왔다. 남편의 과거 주지사 시절 경력까지 들쑤시기 시작했는데, 이번에는 토지 개발 스캔들이었다. 알다시피 클린턴 대통령은 아칸소 주에서 법무장관과 검찰총장을 거쳐 주지사를 역임했고, 그가 그곳의 주지사로 재직하고 힐러리가 변호사로 일할 당시 부동산 벤처사업 업체인 화이트워터 개발회사가 휴양지 건설을 추진했다. 하지만 모든 계획들이 실패로 돌아가 투자자들에게 큰 손실을 끼쳐, 이 일로 빌 클린턴 주지사는 부당 금융 대출 등의 혐의로 특검 조사를 받았다. 다행히 기소는 되지 않았지만 공화당은 또다시 이 문제를 들춰내서 힐러리 후보를 압박했다.

게다가 공화당은 클린턴 전 장관의 출마에 맞춰 '스톱 힐러리(StopHillary : 힐러리는 이제 그만)' 캠페인을 펴기 시작했다. 특히 그가 가졌던 기존의 수많은 커리어들이 오히려 양날의 검이 된다며, 이제 국민들이 너무나 잘난체하는 그를 식상해 한다고 했다. 그뿐 아니라 워낙 대중에게 오랫동안 노출되어 있다 보니 신선도가 전혀 없다는 등으로 여성의 신체 조건을 거론하는 압박까지도 서슴지 않았다. 오랜 세월 동안 영부인으로서, 상원의원으로서, 국무장관으로서 탄탄한 인지도와 함께 지지층을 얻었지만 동시에 반대파도 너무나 많이 양산되었다는 것이었다.

뿐만 아니었다. 클린턴재단이 외국 정부로부터 후원금을 받았다는 사실도 공격 소재로 튀어나왔다. 힐러리의 남편과 딸이 함께 만든 클린턴재단은 그의 국무장관 재임 중 외국 정부로부터 새로운 후원금을 받지 않겠다는 협약을 국무부와 체결했다. 그러나 클린턴 재단은 2010년에 알제리 정부로부터 50만 달러를 지원받았고, 쿠웨이트·오만·카타르 그리고 노르웨이와 도미니카공화국·호주 등의 정부에서도 후원금을 받았음이 드러났다. 그러자 그가 대통령이 될 경우 이 정부들에게 어떠한 대가를 지불해야 하지 않겠느냐는 우려가 제기되었으며, 거기에 더해 미 국무부와의 유착 의혹까지 새로운 변수로 떠올랐다.

그야말로 첩첩산중이었다. 이제 이쯤에서 모든 것이 좀 끝났으면 좋으련만, 선거 막판에 접어들면서는 나이가 많다는 점까지 거론하며 물고 늘어지기 시작했다. 집권할 경우 70세로 비교적 고령인 데다, 미국의 전국 각지를 1년 이상 '초 단위'로 누비려면 엄청난 체력이 뒷받침되어야 하는데 그의 체력이 이런 강행군을 버텨줄 수 없다는 것이었다.

사실 70세의 나이가 큰일을 하기에 부담스러울 수도 있지만, 이것은 많은 사람들의 사례만 봐도 얼마든지 극복 가능하다. 오히려 이런 일보다 더 큰 문제는 백악관에 입성할 때까지 대장정을 하는 동안 넘어서야 하는 난관들이 너무나 많이 포진하고 있다는 점이었다.

그에게 닥쳐온 현실 하나하나가 모조리 위기 그 자체였다. 하지만 그는 그 수많은 위기들을 파국으로 이어지게 내버려두지 않고 오히려 반전의 기회, 도전의 기회로 만들어 나갔다. 그는 더 이상 정치적 계산을 하지 않고, 자신의 몸을 낮추기보다는 자신의 몸을 던진 것이다.

그는 의연한 자세를 결코 잃지 않았다. 정치인으로서 가장 기본적인 환경을 위협받았을 때 그것을 수호하고 지켜내는 감성과 의지를 발휘하기 시작했다. 유권자들의 감성에 호소하며 정면 돌파에 나섰다. 사과할 것은 사과하고, 호소할 것은 호소하고, 용서를 구할 것은 용서를 구했다. 그럼으로써 자신의 정치적 위기를 극복해 나갔다.

그는 위기에 강했다. 힐러리의 저력은 위기의 상황에서 더욱 빛을 발했던 것이다.

그랬다. 힐러리는 일생일대의 최대 고비 앞에서 위기를 기회로 만들어내는 전례들을 수도 없이 보여주었다. 그는 어떤 위기에서도 흥분하거나 분노하지 않았다. 그때마다 많은 사람들의 예상을 뒤엎어 버리겠다고 작정한 듯 오히려 당당하고 의연한 자세를 보임으로써 사람들의 신뢰감과 동정심을 동시에 유발해 냈다. 특히 남편의 스캔들과 관련된 정쟁의 집중포화 속에서도 끝까지 포기하지 않는 집념을 보여줬고, 벼랑 끝에 서 있을 때조차도 무無에서 유有를 창조하기 위한 도전을 멈추지 않았다.

그리고 위기에 강한 힐러리는 정적들이 그를 향해 독한 화살을 날릴 때마다 비장의 무기로 즉각 맞받아치며 동강을 내버렸다. 비열한 공격을 받게 되면 더 세게 맞받아쳐서 오히려 자신의 영향력을 확장시켜 나갔다.

이렇듯 그는 한 남편의 아내이고 나약한 여성이라는 종속적이고 부정적인 상황을 타개하고, 역경에서 기회를 만들어내며 탄성이 절로 나오는 탁월한 능력을 가감 없이 보여주었다.

그가 남긴 숱한 명언 중, 위기에 대처하는 방식이 무엇인지를 짐작케 하는 대목이 눈에 띈다.

"문제나 위기에 봉착했을 때 환경이나 주변사람들을 탓하지 마십시오. 먼저 자기 자신의 문제를 찾으세요. 주변사람이나 환경을 바꾸기보다 자신을 변화시키는 일이 훨씬 쉽다는 것을 알게 될 것입니다."

많은 사람들은 그가 어렸을 때부터 꼿꼿하고 똑똑한 데다 학창시절을 누구보다 열성적으로 보냈으며, 정치적인 위기 하나 없이 승승장구하며 오늘날까지 왔다고 생각한다.

과연 그의 삶은 처음부터 탄탄대로였을까?

절대로 그렇지 않다. 분명 그에게도 감당할 수 없을 만큼 힘든 수많은 위기들이 있었다.

우리 인생은 끊임없는 위기의 연속이다. 그런데 그 위기를 그냥 피하기만 한다면 자칫 최악의 경우를 맞이할 수도 있다. 그렇기 때문에 당당하게 맞서서 기회로 만들어 나가야 하는 것이다.

그렇다. 위기는 피하는 것이 아니다. 맞서는 것이다.

이쯤에서 저마다 자기 자신에게 다시 한 번 물어보자.

'지금 나는 무슨 생각을 하고 있는가. 힐러리처럼 지금 나에게 닥쳐온 위기를 스스로의 기회로 만들어 가고 있는가? 아니면 눈앞에 닥친 위기를 아예 피해버리거나 포기해버리고 있지는 않은가?'

기회를 스스로 만들 생각도 하지 않고, 노력도 하지 않고, 도전하지도 않는다면 우리 인생은 아무것도 바뀌지 않는다. 이러한 평범한 진리를 경고로 받아들일 줄 아는 지혜를 가질 때, 우리 삶은 비로소 달라질 수 있는 것이다.

힐러리, 그는 눈앞에 닥친 어려움을 새로운 기회로 포착하여 이용할 줄 아는 지혜를 갖고 있었다. 숱한 역경과 어려운 조건들이 때로는 그를 미치도록 힘들게 했지만, 위기를 극복해 나가겠다는 강한 의지와 처한 상황을 솔직하게 인정하는 당당함으로 모든 기회를 스스로 만들어 나갔다. 위기의 상황일수록 수평을 유지하며 자신에게 닥친 수많은 난관을 오히려 기회로 만들어 나가는 그의 당당함은 경이에 가까울 정도였다.

또한 그는 위기 극복 리더십의 상징으로 꼽히기에 충분한 '희생정신'을 지니고 있었다. 자신이 가진 것 중 결코 버리고 싶지 않은 것을 과감하게 버리거나 죽기보다 싫은 일을 기꺼이 감내해 내는 것도 '희생'의 범주에 넣을 수 있다면, 그가 보여준 행동들이야말로 자신을 향한 진정한 희생임에 틀림없다.

이번 대선에서도 수많은 돌부리들이 앞을 가로막아 비록 꿈을 이루지 못했지만, 그는 그러한 상황 속에서도 수많은 국민들에게 희망과 신념과 용기를 줌은 물론 여성 대통령 후보가 갖는 의미마저 새롭게 부여하며 역사의 한 페이지를 아름답게 장식했다.

대권 도전의 마지막 기회가 될 수도 있는 2016년도 대선에서 패배함으로써 지금까지 쌓아놓았던 클린턴 가문의 모든 유산들이 거의 대부분 빛을 잃어버릴지도 모를 상황이 되었으나, 그의 의연한 태도는 이 모든 것을 기우로 만들어버리기에 충분했다. 잠시 떠날 수는 있으나, 언젠가 다시 돌아올 것만 같은 묘한 여운이 감돌았으니 말이다.

3

숱하게 배신을 당했다

어느 날 힐러리의 딸 첼시가 전화기에 대고 누군가에게 "왜 당신은 저의 어머니 힐러리를 지지하다가 갑자기 지지 후보를 오바마로 바꾸었나요?"라고 신랄하게 항의를 했다. 그 전화를 받은 사람은 미국 민주당 전국위원회 임원이며 슈퍼대의원인 낸시 라슨이었다.

그때까지 변함없이 힐러리를 지지했던 라슨이 버락 오바마 상원의원을 지지하는 쪽으로 돌아섰음을 알게 된 첼시는 '왜 하루아침에 배신을 했느냐?'고 다그치며 그 이유를 물은 것이다. 하지만 그로부터 시원한 답변을 듣지는 못했다.

2008년, 힐러리는 민주당 경선에서 복병 오바마에게 가슴 아픈 패배를 당하며 '배신자들'에 대한 분노에 떨어야만 했다. 그는 20년 가까이 민주당원들과 긴밀한 관계를 형성해 왔는데, 슈퍼대의원 확보에서 우위에 점할 수 있도록 노력했던 당의 충성파들이 잇따라 등을 돌렸기 때문이다.

대부분의 언론은 힐러리와 빌 클린턴 전 대통령과의 오랜 인연을 깨고 등을 돌리는 옛 친구들이 늘어나고 있다면서, 클린턴 진영을 배신한 옛 친구와 그렇지 않은 현재 친구로 극명하게 나누어지고 있다고 연일 크게 보도했다. 힐러리의 경선 패배로, 힐러리 본인은 물론이고 그의 참모들까지 크나큰 내상을 입은 것이다.

이들 중에는 일반 대의원을 비롯하여 선출직 공직자인 슈퍼대의원, 당의 지도부 인사들과 클린턴 행정부 시절에 정부에서 일했던 클린턴 가家 사람들까지 포함되어 있었다. 전직 클린턴 행정부 사람들 중 몇몇 인사는 오바마 지지를 선언한 것뿐 아니라 힐러리 진영을 사적으로, 그리고 아예 공개적으로 비난하는 일까지 서슴지 않았다.

그 면면을 살펴보자면 힐러리의 법대 동기이며 전 백악관 특별 법률고문을 지낸 그레그 크레이그, 라이 전 노동부장관, 앤서니 레익 전 국가안보 자문관, 밥 케이시 상원의원과 클레어 멕카스킬 상원의원 등은 모두가 힐러리를 열렬히 지원하던 사람들이었다.

물론 정치는 생물이다. 선거에서 정치적인 동지가 하루아침에 적이 되어 때론 피를 튀기며 싸울 수도 있는 곳이 정치판이다. 하지만 전혀 예상하지도 못했던 사람들로부터 너무나 갑작스레, 그리고 한순간에 배신을 당하게 된 힐러리의 입장에서는 그야말로 피를 토할 노릇이었다. 심지어 아주 특별한 친분을 과시해 온 에드워드 케네디

(매사추세츠 주) 민주당 상원의원마저 힐러리 상원의원 대신 첫 흑인 대통령을 꿈꾸는 버락 오바마 상원의원(일리노이 주) 지지로 돌아서버리고 말았다.

그것이 끝이 아니었다. 빌 리처드슨 뉴멕시코 주지사는 힐러리의 단점들을 조목조목 비판하면서까지 오바마의 대열에 합류했다. 리처드슨이 누구인가? 하원의원을 거쳐 클린턴 정부에서 에너지부 장관과 유엔 주재 대사를 지냈던 클린턴의 오른팔 중 오른팔이었다. 2008년 그해, 클린턴 전 대통령과 함께 주지사 관저에서 맥주를 마시며 슈퍼볼 경기를 관전할 정도로 가까웠던 사람이 아닌가. 그런데 그러한 리처드슨마저 깔끔하게 돌아섰다.

또 다른 권력의 줄로 바꿔 서는 사람들에 의해 난무하는 거짓과 비난은 도를 넘었다. 오죽하면 정치평론가 제임스 카빌의 입에서 '예수를 배신한 유다'에 비유되는 대배신이라는 말이 터져 나왔을까……

힐러리의 참모 리언 파네타 전 백악관 비서실장은 기자회견에서 "힐러리는 이들에게 막강한 권력을 가지고 일할 수 있도록 여러 번의 기회들을 주었으며, 지금의 위치와 부를 가질 수 있도록 해주었다. 그런데 그들은 마지막 순간에 다 등을 돌려버렸다. 아마 그들은 클린턴 부부에게 평생 갚지 못할 빚을 지고 있다는 느낌을 받고 있을 것이다."라고 목소리를 높이며, 힐러리가 당한 배신감을 강하게 내비치기도 했다.

그의 남편이 대통령에 재직하던 때처럼 깍듯하게 대하던 사람들이 세상이 조금 달라지자 언제 봤느냐는 식으로 거리를 두기 시작했기 때문이다.

두 번째 경선에서도 마찬가지였다. 이때는 빌 클린턴 행정부 시절 노동부장관으로 일했던 로버트 라이시 현 UC 버클리 교수가 아예 대놓고 버니 샌더스를 공개 지지하고 나섰다.

로버트 라이시, 그는 누구인가? 힐러리의 아주 오래된 친구로서, 자신이 클린턴 행정부에 몸담았던 것을 늘 영광스럽게 생각한다고 말했던 사람이다. 그는 클린턴 전 대통령이 로즈 장학생으로 선발되어 영국 옥스퍼드 대학에서 유학할 당시부터 친분을 쌓아왔던 사람으로, 힐러리 또한 대학 시절부터 가깝게 알고 지내온 사이였다.

오랫동안, 그것도 아주 가까운 거리에서 보좌하던 사람들조차 싸늘하게 변해버린 현실은 가히 충격이었을 것이다. 한순간 휘청거렸던 힐러리는 믿었던 사람들이 돌아서는 모습을 보며, 권력의 무상함을 새삼 깨닫지 않았을까 싶다. 그것은 배신을 당하고 나서야 비로소 체감하게 되는 덧없는 인간사의 단면 중 하나가 아니었을까.

이러한 과정 속에서 곁에 있던 사람들은 하나둘씩 떠나갔고, 그의 정치적 꿈은 서서히 사라져 가는 듯이 보이기도 했다. 그러나 그는 숨지 않고, 자신의 상처 입은 과거와 당당하게 마주 섰다. 누구보다도 현명하고 강하고 뛰어난 여성인 힐러리는 자신이 당하는 배신에 당당하게 대처한 것이다.

심지어는 자신의 영원한 동지인 남편으로부터도 배신을 당했다. 하지만 그는 남편에게 배신당하고 아파하는 나약한 아내의 모습을 이내 털어내고, 오히려 나름대로 자신의 일을 시작하는 강인한 여성으로 변모했다. 뉴욕 주 상원의원 선거에 출마할 계획을 세우기 시작한 것이다.

결국 배신에 당당하게 대처한 그의 옆에는 벌을 받고 얌전해진 남편이 든든한 후원자가 되어 서 있었고, 훗날 다시 남편의 칭찬을 늘어놓을 정도로 마음의 평안을 되찾았다.

사람들은 누군가가 자신을 배신하게 되면 배신감에 어쩔 줄 몰라 하면서도 억울하고 서운한 감정을 속으로만 삭이는 경우가 적지 않다. 그리고 어떤 사람은 오히려 상황이 악화되어질까 봐 침묵하거나, 아니면 '그래, 세상은 원래 다 그런 것이야.' 라며 쉽게 체념해버리곤 한다. 이러한 현상을 심리학에서는 '배신에 눈감기Betrayal Blindness' 라고 한다.

하지만 배신에 대한 기억을 억지로 지우려 하거나, 모르는 척하면 할수록 배신의 상처는 깊어진다. 배신에 훼손당한 마음의 상처를 회복하기 위해서는 오히려 두 눈 부릅뜨고 배신을 직시할 필요가 있는 것이다. 배신에 대해 대응하지 않는 것은 결국 치유할 기회를 놓치는 것과 다름없기 때문이다.

힐러리가 배신에 대해 대응하는 것을 두고 '뒤끝 작렬 정치인' 이라고 평가하는 사람들도 있다. 하지만 그건 아니다. 누구라도 힐러리만큼 배신을 당했다면 그런 말을 쉽게 하지 못할 것이다.

물론 힐러리는 두 번의 민주당 예비선거를 치르는 동안 누가 적인지 똑똑히 깨달았기에, 천천히 그리고 은밀하게 복수를 감행했는지도 모를 일이다. 사실 8년 전 오바마 후보에게 패할 때 그와 함께했던 캠프 참가자들 중 오바마 쪽으로 돌아섰거나 미온적인 태도를 보인 사람들이 있는데, 이후 힐러리가 그들에게 배타적이면서 정통성을 인정하지 않은 분위기를 조장한 것은 부인할 수 없는 사실이다.

오랫동안 힐러리에게 큰 신세를 졌던 올트 마이어 하원의원이 오바마와의 경선 때 중립을 선언하여 배신을 때린 적이 있었다. 그리고 4년 뒤 응징당했다. 2012년 민주당 하원의원 예비경선에서 마이어는 압도적인 우세 속에 출발했지만, 2008년 힐러리 편에 서서 도와주었던 마크 크리츠에게 무참하게 패배를 당했다. 당시 국무장관이었던 힐러리와 그의 남편인 빌 클린턴이 적극적으로 크리츠를 밀어준 결과였다.

그렇다고 이런 일을 두고 그를 뒤끝 작렬 정치인이라고 단정 지을 수는 없는 노릇이다. 힐러리가 당했던 수많은 배신들이 관계를 맺고 신뢰하는 능력을 파괴해버려서이기도 하지만, 그의 정치 궤적軌跡이 앞으로 다가올 권력 운용에 크게 영향을 미칠 수도 있기 때문이다.

물론 힐러리와 친해지기는 쉽지 않다. 하지만 한번 인연을 맺으면 상대방이 배신하지 않는 한 끝까지 가는 편이다. 자신을 도와준 사람들은 물심양면으로 지원하면서 끝까지 책임지고 챙기는데, 힐러리가 못할 때는 빌 클린턴이 대신하기도 했다.

지금 옆에 있는 수많은 핵심인사들은 대부분 빌 클린턴 행정부 시절부터 같이해 온 인사들이다. 지난 민주당 경선 때 '버니 샌더스의 바람몰이'로 한때 위기를 맞기도 했지만, 결국 그가 대통령 후보가 될 수 있었던 것은 슈퍼대의원들의 전폭적인 지지가 있었기 때문이다.

사람이란 그렇다. 동서양을 막론하고 힘들 때 의지하고 함께했던 사람을 멀리할 수 없는 것이 인지상정이다.

게다가 더욱 놀라운 것은, 힐러리는 배신의 드라마를 새로운 방식으로 종결지었다. 배신의 트라우마를 거쳐 복수의 콤플렉스로 가는 것이 아니라 그만이 지니고 있는 힐러리 스타일로 돌아와, 당당하고 자신감 있는 모습을 보여준 것이다. 모든 상황을 얼버무리면서 슬그머니 나타난 것이 아니라, 이를 지켜보고 있는 미국의 모든 국민들이 공감할 수 있는 설득력 있는 이유를 던지면서 말이다.

2016년 대선을 위한 초석은 이미 그때부터 다지기 시작했다고 본다. 만약 그가 배신에만 집착해서 세상과 사람을 바라보는 시각이 조금이라도 비뚤어졌다면, 미국 메이저 정당의 첫 여성 대통령 후보마저도 그의 몫이 될 수 없었을 것이다. 여전히 배신의 웅덩이에 머물러 있었다면 말이다.

4

막바지에 이메일 재수사가 거론되어
발목을 잡았다

　민주당의 대선후보 힐러리 클린턴에게 충격을 안겨준 사건이 터졌다. 절체절명의 순간이었다.

　사실 이 사건 하나만으로도 대선은 고사하고 정치생명이 영원히 끝날 수도 있을 만큼 파급력이 큰 대형 악재였다. 그것은 힐러리가 국무장관 재직 시 정부의 공식 시스템을 통한 이메일을 사용하지 않고 개인 이메일 주소를 이용했다는 것이다.

　그런데 더 큰 문제는 재직 기간 중에 사용했던 이메일을 정부에 반환하지도 않고서 개인 이메일 관리 시스템에 그대로 방치했다는 것이다. 뿐만 아니라 힐러리의 보좌진조차도 당시 그의 개인 이메일들을 국무부 서버에 저장하려는 조치를 취하지 않았다고 한다. 이는 행정부 관리들의 통신 기록을 저장해 두어야 한다는 연방기록법의 위반이었다.

결국 버락 오바마 대통령이 임명한 두 명의 감찰관이 힐러리가 국무장관 재직 시절에 개인 이메일 사용과 관련한 것으로 보이는 '조사 의뢰'를 법무부에 요청했고, 이들 감찰관들은 '기밀 정보를 개인 시스템을 통해 전송하는 것은 명백한 불법이었다'는 제목으로 공동 성명을 발표했다. 그리고 이런 사실을 국무부에 통보함에 따라 국무부는 법무부에 수사를 요청했다.

만약 그가 장관 재임 시절 관용 이메일이 아닌 개인 이메일 계정을 사용해 공적 업무를 처리한 사실이 확인된다면, 클린턴 전 장관의 불신 이미지가 굳어져 대선가도에 먹구름 정도 끼는 것으로 끝날 일이 아니었다. 기소로 이어져, 어쩌면 정치생명이 끝날 수도 있는 일이었다.

힐러리가 이메일 파문으로 기소될 수도 있다는 기사가 여기저기서 터져 나오기 시작했으며, '공적 부패' 영역으로까지 확대되면서 이메일 수렁으로 빠져 들어가기 시작했다.

이 사건에 대한 기사가 가장 먼저 터져 나온 곳은 〈뉴욕 타임스〉였다.

'클린턴 전 장관은 지난 2009년부터 4년간 국무장관으로 재임하면서 관용 이메일 계정(@state.gov)을 만들지 않고 개인 이메일을 업무에 사용했으며, 이를 국무부 서버에 저장하는 연방기록법도 이행하지 않았다.'고 톱기사로 폭로해버렸다. 특히 사적인 이메일이 공적인 이메일보다 해킹당하기 쉽다는 것을 고려했을 때 국가 안보에 위험이 가는 행동이라는 사실을 그 누구보다도 잘 아는 국무장관이, 더구나 가장 민감하고 최고 일급 정보를 다루는 국무장관이 개인 이메일을 사용함으로써 미국 안보에 큰 구멍이 생길 수 있다는 우려까지 담아서 보도한 것이다.

이에 공화당은 즉각 공세를 펼쳤고, 클린턴 전 장관을 연방기록법 위반으로 당장 기소해야 한다며 강하게 압박하기 시작했다. 그뿐 아니라 공화당은 클린턴 전 장관 재임 시절에 발생한 '벵가지 사건' 관련 이메일까지 공개하라고 요구했다. 힐러리의 아킬레스건을 물고 늘어지기 시작한 것이다.

강력한 차기 미국 대통령 후보로 꼽히는 힐러리 클린턴의 '이메일 스캔들'은 미 정계를 걷잡을 수 없이 뒤흔들었다. 대선 캠페인이 시작되기 전까지만 해도 경쟁자가 없는 민주당의 유력 대권주자였는데, 이 사건 이후 힐러리의 지지율은 급기야 34%까지 곤두박질쳤다. 민주당 내에서 적수가 없다고 생각했었지만, 여기저기서 미국 최고의 사회주의자 버니 샌더스 상원의원에게 1위 자리를 내줘야 했다.

여기서 계속 침묵하게 되면 정치적 타격을 엄청나게 입을 것이 뻔했다. 미국의 첫 여성 대통령은 고사하고 소환을 넘어 기소당할 수 있는 상황까지 몰렸으니 말이다. 사태가 점점 불리해지자, 힐러리 전 장관이 마침내 입을 열었다.

"두 개의 이메일 계정을 사용하는 것이 불편해서 관용 이메일을 만들지 않았었습니다. 나의 잘못입니다. 분명 나에게 책임이 있습니다."

그는 자신의 실수를 인정했다. 국무장관 시절, 공무에 개인 이메일 계정을 사용한 것은 분명 자신의 실수라고 인정하고 깨끗하게 사과한 것이다. 그리고 바로 그날, 자신의 지지자들에게 보낸 이메일에서도 자신의 심정을 밝혔다.

'개인용과 업무용으로 나눠 두 대의 전화와 두 개의 이메일 계정을 사용했더라면 더 좋았을 것인데 당시 나는 그것이 그렇게 큰 문제가 되리라고 생각하지 못했습니다. 하지만 이것은 분명 나의 잘못입니다. 정말 죄송하게 생각합니다. 다시 말하지만 두 개의 이메일 계정을 사용했어야 했습니다. 그렇게 하지 못한 것은 명백한 나의 실수였고, 그 점에 대해 진심으로 사과하며 전적으로 책임을 지겠습니다.'

그리고 〈ABC〉방송과의 인터뷰에서도 다시 한 번 더 깨끗하게 사과를 했다. 자신의 실수를 인정하고 사과한 힐러리, 역시 그는 멋있는 정치인이었다.

라스베이거스에서 열린 제1차 민주당 경선토론에서도 당연히 해당 스캔들에 대한 질문이 나왔다. 수많은 시청자들이 힐러리의 입을 바라보고 있었고, 힐러리는 이렇게 해명했다.

"최선의 선택이 아니었지만 가능한 한 투명하게 업무를 처리했습니다."

이때 강력한 경쟁자인 버니 샌더스는 힐러리의 이메일을 공격하는 대신 "미국인들은 그 '빌어먹을' 이메일에 대해 듣는 일을 지겨워한다The American people are sick and tired of hearing about your damn emails."면서 "중산층을 살리고 소득 불평등을 해소하는 실질적 이슈에 집중하자."고 말했다. 샌더스는 청중으로부터 큰 박수를 받았고, 옆에 있던 클린턴은 샌더스 후보에게 악수를 청하면서 "고맙다."고 했다.

경선토론 전에 깨끗하게 사과한 덕분이었을까……. 1차 경선토론에서 버니 샌더스의 인지도가 크게 올라가긴 했지만 실질적 성과는 힐러리의 몫이었다. 그의 입장에서는 악재가 오히려 호재가 되어버린 것인데, 힐러리가 최소한 경선 중에 이메일로 시달리는 부담은 덜수 있게 되었으니 '샌더스의 힐러리 구출'이라는 말이 나올 만했다.

금년 봄까지만 해도 좋은 들러리 후보 정도로 그칠 줄 알았던 버니 샌더스가 예상보다 훨씬 더 강한 바람몰이를 했지만, 말 그대로 산전수전을 다 겪은 힐러리는 다시 한 번 위기에 대처하는 능력이 탁월함을 입증해 보였다.

민주당의 대선후보 간 첫 번째 토론회는 힐러리 클린턴의 승리로 결론 났다. 토론 후 각종 조사와 언론 평가에서 대부분 힐러리의 승리라고 선언했다. 오히려 너무 지나치다 싶을 정도로 힐러리의 손을 들어주었다. 그동안 지지부진했던 힐러리의 선거운동이 샌더스와 이메일 문제를 다 떨쳐버리고 마침내 솟아오르는 순간이었다.

그 외에도 힐러리는 터져 나오는 이슈와 질문마다 한 치의 실수도 없이 깔끔하고 명확하게 대답했고, 그의 오랜 정치 경륜이 동물적인 감각으로 빛을 발하기 시작했다. 그는 풍부한 경험과 방대한 지식을 토대로 차분하게 자신의 주장을 이어 나갔다. 필요한 경우에는 비판에 단호하게 맞서며 한 치의 흔들림도 보이지 않았다. 그날, 힐러리를 기회주의자라고 비판하는 사람들에게도 분명한 대답으로 맞섰다.

> "나는 단 한 번도 기회주의자로 살아오지 않았습니다. 양심껏 살아
> 왔습니다. 그리고 나는 철저한 진보주의자입니다. 특히 일을 되게
> 하는 실용적 진보주의자입니다. 나는 지금까지 더 많은 사람들의
> 더 나은 삶을 위해 필요한 일을 이룩해 내는 데 모든 것을 바쳐왔습
> 니다. 다시 한 번 더 말할 수 있습니다. 나는 결코 기회주의자가 아
> 닙니다."

송곳 같은 논리로 현재 상황의 프레임을 완전히 바꾸어버리는 그야말로 존재감 넘치는 대응이었다.

전국구 무대에 처음 서는 샌더스를 비롯한 다른 다섯 후보들은 역력하게 흔들리기 시작했고 답을 찾기에만 급급하여 아예 관심조차 끌지 못했다.

힐러리는 장관 시절 개인 이메일 사용 문제와 당내 경쟁자인 버니 샌더스 후보의 돌풍에 밀려 지지율이 급격히 떨어지는 등 대세론에 타격을 받는 듯했지만, 민주당 경선후보 1차 토론회에서 영민한 토론 실력으로 샌더스 후보에게 대응하여 우세한 모습을 보여주었다.

여기에 잠재적 경쟁 후보로 꼽혀왔던 바이든 부통령마저 대선 불출마를 공식 선언하여 클린턴 전 장관은 당내 선두 주자로서 입지를 재확인했다.

이에 〈AFP〉통신은 '그동안 힐러리에 대해 회의적 시각을 가지고 있던 유권자들도 이날 청문회를 계기로 다시금 마음을 돌릴 것으로 보인다.'고 관측했다. 그리고 마침내 지난 7월 FBI 제임스 코미 국장(부시 행정부 시절 법무부 부장관을 지낸 검사 출신 공화당원)이 수사를 종결하면서 불기소 권고 처분을 내렸다. 그 이유는 힐러리가 국무장관 시절 개인 이메일 서버로 송신한 이메일 110건이 비밀정보를 포함하고 있었지만 기소할 만큼의 심각한 법 위반은 하지 않았으며 또한 '고의적 법 위반'의 의도가 없었다는 것이다. 그리하여 그는 최대 아킬레스건이었던 '이메일 스캔들'의 수렁에서 깨끗하게 벗어나게 되었다.

하지만 그의 정치적 위기는 여기서 끝이 아니었다. 이른바 '벵가지 스캔들'이라고 하는 것이 기다리고 있었다. 이것은 리비아에서 카다피가 물러날 무렵인 2012년 9월 11일에 리비아 반군이 벵가지 주재 미국 영사관을 공격하여 크리스토퍼 스티븐스 대사 등 미국인

4명이 숨진 사건으로, 오바마 행정부의 큰 오점이자 힐러리의 실책으로 꼽힌다.

공화당 측은 민주당의 가장 유력한 대선후보인 힐러리의 실책을 부각시켜 그를 흠집 내기 위해 청문회에서 이 문제를 들먹였다. 힐러리가 국무장관으로 재직하던 시절에 그가 병력 증강을 요구하는 리비아 대사관의 요구를 여러 번 무시했으며, 테러리스트의 공격인 것을 알면서도 처음에는 미국 국민들에게 테러리스트의 공격이 아니라고 거짓말을 했다는 것이다. 공화당은 이 문제를 큰 이슈로 삼아 힐러리를 무차별 공격하기 시작했다.

그러나 2015년 10월에 있었던 벵가지 청문회에서 힐러리는 평소에 보여주었던 신기에 가까운 말솜씨로 9시간 동안 모든 추궁을 뿌리치면서 건재함을 과시했다. 그는 시종일관 차분한 자세와 정연한 논리로 공화당의 맹공을 빈틈없이 막아냈는데, 감정적인 대응이나 공화당에 대한 직접적인 공격을 자제하고 차분하게 자신의 견해를 피력했던 것이다. 자신감에 찬 당당한 자세로 논쟁의 쟁점 하나하나를 전문지식까지 동원하여 정확하게 짚어갔으며, 평소 때와는 달리 토론을 즐기는 듯한 태도로 인간적인 면모까지 내비쳤다.

공화당이 무려 9시간에 걸쳐 힐러리에게 맹공을 퍼부었음에도 불구하고 벵가지 조사위원회는 결국 닭 쫓던 개처럼 지붕만 쳐다보는 꼴이 되고 말았다. 힐러리가 노련한 정치인답게 철저하게 준비해서 홈런을 날림으로써 공화당이 청문회 패자가 된 것이다.

이에 대해 〈워싱턴 포스트〉지는 '공화당에게는 불행한 청문회였다' 라는 사설에서 '공화당 의원들은 이날 힐러리 전 장관에 대한 공허한 의혹만 늘어놓음으로써 스스로의 명예를 실추시켰으며 오히려 역풍만 초래했다.' 고 혹평했다.

이후 힐러리는 골수 극우를 제외하고는 벵가지 스캔들에 대해 딱히 공격당하지 않게 되었으며 지지율도 회복되었다. 그리고 지난 6월에는 연방 하원 특별위원회에서 당시 힐러리 국무장관의 잘못이나 실수는 밝혀지지 않았다는 결론과 함께 '힐러리의 잘못이 없다.' 는 면죄부를 최종적으로 내렸다.

그는 이렇듯 끊임없이 나타나는 대선 가도의 걸림돌을 잇달아 넘어서면서 대세론을 회복했던 것이다.

사실 힐러리의 정치 여정에는 시작 때부터 끊임없는 장애물들이 버티고 있었다. 그리고 막바지 경선과 대선을 앞두고서는 악재라는 악재가 모조리 다 튀어나왔다. 그것도 정치생명이 한순간에 끝장날 수 있는 대형 악재들이었다. 이쯤에서 포기해야 할지도 모르는 절체절명의 순간들이 끊임없이 이어졌으나, 힐러리는 그러한 장애들을 잘 극복해 왔다.

힐러리는 그 모든 공격들, 그리고 이메일 사건과 벵가지 스캔들을 지혜롭게 극복하고 미국의 첫 여성 대통령이 될 수 있는 길목에 서 있었다. 하지만 마지막에 가해진 이메일 재수사 발표는 그에게 너무나 큰 돌부리가 되어, 그가 가는 길을 막아섰다.

대선 막바지에 극복할 수 있는 시간적 여유조차 없는 상황에서 대형 돌부리가 또다시 튀어나온 것은 대선 10일을 앞두고서였다. FBI 국장이 이메일 사건을 재수사하겠다고 발표한 것이다. 이 발표로 인해 힐러리의 지지율은 또다시 급락했다. 해치법(대선 선거 60일 전에는 정치적으로 민감한 수사 내용을 공개하지 않는 법무부와 FBI의 관행)을 어긴 코미 국장의 발언 한마디가 결정적인 순간에 힐러리의 발목을 또다시 잡은 것이다.

우리가 인생의 목표를 향해 나아갈 때 불리한 환경이 만드는 장애물도 있지만 예기치 않은 고난이나 장벽에 부딪칠 때도 있다. 때로는 나의 바람과는 정반대로 흘러가는 꼬임 현상이 나타나기도 한다. 하지만 그런 때일수록 용기를 내서 그 장애물을 뛰어넘어야 한다. 작은 일은 치고 나가야 하고 큰일은 뛰어넘어야 한다. 때론 숨이 막히는 고통도 있을 수 있을 것이다. 하지만 마냥 주저앉아 있을 수만은 없지 않겠는가. 주저앉아 불평하거나 낙담할수록 일은 더 꼬일 뿐이다.

우리 인생은 연극이 아니다. 연극에는 대본이라도 있다. 그 대본대로 움직이면 된다. 하지만 삶은 말 그대로 생방송이다. 참고할 만한 쪽지나 대본 같은 것도 없다. 목표가 정당하다면 용기를 갖고 일어나 힐러리가 그랬던 것처럼 그 장애물을 넘어서는 방법을 모색할 수밖에 없는 것이다.

그런 의미에서, 힐러리가 자신이 추구하는 목표를 위해 대선 패배라는 장애를 어떻게 극복해 나갈지를 지켜봐야 하지 않을까 싶다.

5

당당함이 지나쳐
오만하단 이미지로 변해버렸다

- 미국의 여성 수재들만 모인다는 웰즐리 여자대학에서 총학생회장으로 선출되다. (정치학 전공)
- 인재들만 모인 웰즐리 여자대학에서 전체 수석으로 졸업하다.
- 웰즐리 여자대학 최초로 연사가 아닌 졸업생으로서 대표 연설을 하다.
- 예일 대학교 로스쿨 졸업하다. 법학박사(J.D)
- 예일 대학교 로저널(Yale Law Journal) 편집위원장이 되다.
- 미국 변호사 자격 획득하다.
- 젊은 나이에 닉슨 대통령 탄핵조사 위원이 되다.
- 일류 로펌들의 스카우트 제의를 마다하고 아칸소 대학교 교수로 일하다.
- 지미카터 선거운동본부 책임자로 일하다.
- 아칸소 최고 로펌 로즈 법률회사에서 일하다.

- 지미 카터 대통령의 법적지원재단의 이사로 일하다.

- 법적지원재단 최초의 여성 회장이 되다.

- 아칸소 주지사의 아내가 되다.

- 미국 변호사협회 최초로 첫 여성 회장이 되다.

- 월마트 이사로 일하다.

- 미국 역사상 최초의 박사 학위를 가진 퍼스트레이디가 되다.

- 뉴욕 주 연방 상원의원이 되다.

- 미합중국의 국무장관이 되다.

보통사람들이라면 꿈을 꾸기에도 벅찬 이력이다. 이 정도의 이력을 가지고 있는 사람이라면, 아무리 그가 도도하게 행동한다 해도 대부분의 경우 대항할 만한 의욕조차 잃어버리기 십상이다.

힐러리가 가장 고심하고 있는 부분이 바로 이러한 이미지이다. 그의 당당함은 도도하다 못해 자칫 거만한 이미지로 비추어질 수 있기 때문이다. 지난번 대선 경선에서 오바마에게 패한 것도 그의 이런 이미지가 한몫했다고 말하는 사람들이 적지 않은 것도 바로 그런 이유이다.

그를 비판하는 책을 보면, 힐러리를 '얼음여왕'에 비유하기도 했다. 저자는 "그게 바로 힐러리의 진짜 모습이다."고 했다. 또 다른 책에서는 "그의 성격은 아주 급했으며 고압적인 태도가 늘 거슬렸다."고 했다. 때론 그의 적극성이 너무 지나쳐 '휘젓고 다니는 Mrs

President' 라는 비난을 받기도 했다. 심지어는 "사소한 말 한마디 한마디까지도 도도한 귀족·불통의 이미지"라고 폄하하기까지 했다.

　사실 대통령이 되고자 하는 사람이 차갑고 도도한 이미지를 가지고 있다면 그것은 아주 불리한 조건일 수밖에 없다. 대부분의 경우 도도한 사람을 싫어한다. 거기에다 자신보다 더 똑똑해 보이면 이유 없이 싫어하는 경향도 있다. 힐러리가 바로 그런 케이스였다. 이는 미국의 보통 남자들이 가진 속내이기도 하겠지만, 그가 그저 똑똑한 여자이기에 싫어하는 것은 남자들이 가지고 있는 여성 비하 본성의 일부분일지도 모른다.

　힐러리는 평범한 대학생이었고 전형적인 여자의 모습으로 살아왔다. 그는 원대한 꿈을 키우면서 자신의 꿈을 위해 열정적으로 열심히 하루하루를 보내는 여장부였다. 그는 도도한 여자가 아니라 당당한 여자였을 뿐이다. 그런데 사람들은 그를 지레 도도한 여자로 인정해버리거나 가끔은 버거운 여자로 취급하기도 했다. 심지어는 아주 쉽게 남성들을 밟고 쓰러뜨리고 치고 올라가는, 야심과 야망만이 차고 넘치는 건방진 여자로 치부하여 무조건 거부하기도 했다. 실제로 그는 자신의 야망에 대해 단 한 번도 말이나 행동으로 표현한 적이 없었는데도 말이다.

　도도하다는 것은 잘난 척하며 주제넘게 거만한 태도를 보이는 것을 말한다. 겸손이 부족해 보이고 건방져 보인다는 말이다. 이러한 행동을 하면 상대방을 무시하는 것처럼 여겨지므로 당연히 사람들은 거리감을 두게 된다.

하지만 힐러리는 여자로서 힘들다고 투정을 하거나 타인의 탓으로 돌리는 그런 성격이 아니다. 자신을 먼저 돌아보고, 자신의 생각이 관철될 때까지 최선을 다하는 당당한 여자이다. 힐러리에 관해 저술된 많은 책을 보면, 그는 외적인 것보다 오히려 내적으로 아름다운 여자임을 알 수 있다.

미국 사우스캐롤라이나 주 락힐에서 〈MSNBC〉 뉴스 전문방송 주관으로 열린 민주당 대선후보 토론회에서 힐러리는 자신의 성격에 대해 이렇게 말한 적이 있다.

"오늘 이 자리에서 내가 한 가지 이야기하고 싶은 것이 있습니다. 나는 의외로 나는 외향적이면서 내성적인extro-introvert 사람입니다. 나 자신의 성격은 내성적인데 정치인이라는 직업 때문에 외향적이 되었습니다. 그래서 많은 사람들이 때로는 나를 도도한 여자로 생각하곤 합니다. 이것이 대통령으로 가는 길에 큰 장애가 되기도 한다는 것을 나도 잘 알고 있습니다."

사실 힐러리는 실제 모습에 비해 도도하다는 이미지가 지나치게 부각되어 있었다. 그러한 이미지 때문에 건방진 여자로 보였던 것이다. 그에게 따라다니는 비호감 이미지도 마찬가지다. 실제 비호감인 것이 아니라 다른 여성들에 비해 비호감도가 크게 비쳐졌을 뿐이다.

물론 힐러리의 입장에서는 억울한 면도 없지 않았을 것이다. 하지만 그는 스스로 변하기 시작했다. 자신의 도도한 이미지를 부드럽고 따뜻하며 그리고 유쾌한 이미지로 바꾸기 위해 심지어는 안경까지 벗어 던져가며 노력하기 시작했다.

남편의 아칸소 주지사 재선 실패 후 자신을 낮추는 모습이 바로 나타나기 시작했으며, 2008년 민주당의 아이오와 주 첫 경선에서 오바마에게 패배한 이후 위기론에 시달렸을 때는 뉴햄프셔의 한 카페에서 유세 도중 난생 처음으로 대중 앞에서 눈물을 보이기도 했다.

이때 그동안 풍기던 차갑고 도도한 이미지 대신, 그의 인간적인 면모가 부각되면서 특히 여성 유권자들의 지지를 이끌어내기 시작했다.

건강보험 추진 후에는 여론이 나빠진 클린턴을 위해 자신을 영부인의 수동적인 위치에 두는 등으로 적절한 변화를 유지했다. 수많은 위기와 실패와 시련들을 겪으면서 도도했던 그가 겸손하고 따뜻한 여인으로 변하기 시작했던 것이다.

심지어 〈NBC〉방송의 '엘렌 드제너러스 쇼'와 지미 팰런의 '투나잇 쇼'에 출연하여 토크쇼를 통한 감성 유세를 펼치기도 했는데, 특히 '엘렌 드제너러스 쇼'에서는 수백 명의 방청객이 보는 가운데 DJ 스티븐 보스와 함께 현란한 춤까지 추면서 도도하지 않다는 자신의 이미지와 인간적인 면모를 한껏 보여주었다.

힐러리는 자신의 이미지를 위해 내면 깊이까지 변신을 꾀했으며, 그 결과 그는 분명 과거에는 볼 수 없었던 인간적이면서도 따뜻한 모습을 대중에게 각인시킬 수 있었던 것이다.

그렇다. 힐러리는 자신에게 입혀진 도도하단 이미지를 불식시키기 위해서라면 자신이 오랫동안 유지해 왔던 많은 것들을 과감하게 던져버릴 줄도 아는 사람이었다.

그랬기에 그는 먼저 자신을 돌아보고 이미지를 바꾸는 데 최선을 다함으로써, 참으로 괜찮으면서도 멋진 여자의 이미지를 창출해 냈던 것이다.

하지만 일부 유권자들의 생각은 달라지지 않았다. 힐러리의 당당함을 여전히 오만하다고 오해했다. 그랬기에 그를 저격하기 위해 화살을 쏘아댔다. 그 화살엔 수많은 유권자들의 표가 꽂혀 있었는데 말이다.

Part 2

그를 특별하게 만든 힘은
무엇이었을까?

6

'옳은 것'을 위한 오래된 야망

백악관의 쟁쟁한 백인 남자들이 힐러리를 두려워하는 가장 큰 이유 중 하나는 그가 누구보다 뛰어난 능력을 가지고 있기 때문이 아니라 자신의 목표를 분명하게 밝히면서 당당하게 도전하기 때문이다.

힐러리에게는 많은 정치 스캔들이 있었다. 그리고 수많은 위기의 순간이 닥쳤었다. 그럼에도 불구하고 그가 끈질기게 살아남을 수 있었던 것은 그만이 가지고 있는 오래된 야망 덕분이다.

그의 성공 방식은 긍정적이면서도 중도주의적인 방향으로의 변신, 끊임없이 자기계발을 하는 열정 그리고 '옳은 것'을 위한 불타는 야망 등으로 요약된다. 그리고 그러한 것들이 그의 모든 것을 가능케 했다.

'제왕적 대통령'이라는 말을 만들어 세계적으로 유명해진 미국의 역사학자 아서 슐레진저 2세는 "퍼스트레이디였던 엘리너 루스벨트는 강인했지만 남자들과의 게임에서는 그들에게 이기려고 하지 않았다. 하지만 힐러리는 이기려고 했다."라고 강조한 적이 있다.

≪콘디 대 힐러리Condi vs Hillary≫라는 책을 쓴 저자 딕 모리스도 '그 어떤 남성 후보와 경쟁을 해도 힐러리는 승리할 수 있는 인물'이라고 단언하면서, 그 첫 번째 이유로 힐러리를 향한 미국 국민들의 변치 않는 관심과 높은 인기를 꼽았다. 또 다른 하나는 물론 힐러리가 민주당 내 지지 기반과 캠페인 조직력이 막강한 이유도 있지만, 그보다 더 중요한 것은 '수많은 시련 속에서도 꿋꿋이 이겨낸 무서운 야망'이 있기 때문이라고 했다.

딕 모리스가 누구인가? 그는 빌 클린턴의 대선 캠프에서 활동하며 두 번이나 대선을 승리로 이끈 주역이다. 그는 미국 아칸소 주 법무장관이었던 빌 클린턴을 아칸소 주지사에 당선시켰고, 1992년에 그를 마침내 미국 대통령에 올려놓은 1등 공신이다. 클린턴이 재선에 성공할 때도 선거 총책임자였다. 빌 클린턴과 함께 일하면서 그 누구보다도 힐러리에 대해 잘 알고 있는 선거 귀재인 그는 '외모부터 말투까지 이르는 힐러리의 변신, 대중을 사로잡는 폭넓은 매력, 정치 스캔들을 아우르는 탁월한 능력, 자유주의적인 기질과 빌 클린턴과의 정치적 동맹 관계' 등 힐러리의 다양한 진면목을 소상히 알고 있는 사람이다.

사실 야망이 컸던 힐러리는 대통령 부인 역할을 하면서도 이렇게 말할 정도였다.

"나는 내가 직접 요직을 맡아도 잘할 수 있을 것이다. 뿐만 아니라 내가 백악관 비서실장을 해도 아주 잘할 것이며, 내가 변호사 출신 이니 법무부장관 일도 분명 잘해 낼 수 있을 것입니다."

은근히 자신의 뜻을 내비친 이와 같은 발언을 통해서도, 그가 일에 대한 야망이 얼마나 크고 배포 또한 얼마나 당찬지를 짐작할 수 있다.

급기야 2007년도가 되자 힐러리는 대통령 부인이 아니라 대통령 이 되고 싶다는 야망을 드러냈는데, 그는 자서전 《살아 있는 역사 Living History》에서 이렇게 말했다.

"지금 나는 아무도 가지 않은 길을 가고 있습니다."

자신의 마지막 꿈이 무엇인지를 이때 예고한 것이 아닐는지…….

사실 빌 클린턴과의 결혼은 그의 정치적 야망을 실현시켜 나가는 징검다리였는지도 모른다. 대학 시절부터 힐러리는 주위에 있는 많 은 사람들에게 자신의 남편을 '장래 대통령이 될 남자'라고 소개하 며 다녔다고 한다. 이미 그때부터 그의 남편 클린턴은 정계에서 차 근차근 입지를 다져 나가며, 정치적 야심을 키우기 시작했다.

정치 전문가들은 힐러리를 야심가라고 평가하기에 주저하지 않는다. 바람둥이 남편의 배신을 이겨내고 가정을 지킨 데 대해서도 힐러리 자신은 신앙의 힘이라고 말했지만, 대부분의 사람들은 강한 권력에의 의지와 야망이 누구보다도 강했기 때문에 그 배신을 신앙의 힘으로 이겨낼 수 있었을 것이라고 생각한다.

정치 저널리스트이며 작가인 게일 쉬이는 ≪힐러리의 선택Hillary's Choice≫에서 힐러리에 대해 이렇게 말했다.

"그는 남편의 배신을 이혼으로 응수하는 대신 오히려 더 큰 정치적 야망으로 키워 나갔다. 어찌 보면 클린턴 부부는 일로써 맺어진 한 팀이었다고 해도 과언이 아닐 것이다."

그렇다. 그에게 있어서 야망은 곧 미래에 대한 목표였기에, 그는 그것을 위한 자신만의 룰을 만들어 나갔다. 그리하여 그는 양립하기 어려울 것 같은 대주제, 즉 야망이라는 자기실현과 사랑을 다 얻어낼 수 있었던 것이다.

게일 쉬이는 힐러리 인생의 핵심은 '오직 야망을 위한 선택'이라고 했다. 정치적으로 빌 클린턴이 위기를 맞을 때마다 힐러리는 어김없이 남편을 수렁에서 건져내는 '선택'을 단행했다는 것이다. 그에 대해 남편 빌 클린턴조차도 "힐러리는 내가 30년간 투자한 야망의 디딤돌이었다."라고 말할 정도였다.

그리고 보면 힐러리의 야망은 누구보다도 강한 '자기실현'이라는 목표와 '사랑'이라는 이름의 세속적인 동기가 결합되어 더욱 큰 시너지 효과를 나타낸 것이 아닌가 싶다.

분명하다. 힐러리는 놀라울 정도로 야망이 큰 여자였다. 그리고 자신의 꿈을 당당하게 추구하는 여인이었다. 미합중국 최초의 여성 대통령이 되기 위해 오바마와 눈물겨운 사투를 벌인 후에도 마지막까지 최선을 다했고, 의연하게 패배를 인정하는 기품 있고 당찬 여자였다. 보통사람들로서는 상상조차 할 수 없는 일이다.

그가 자주 사용하는 명언 중에 이런 말이 있다.

"커다란 야망을 품었을 때에만, 비로소 큰 결실을 맺을 수 있습니다."

야망ambition이란 무엇인가를 크게 이루어보겠다는 희망이다. 그것은 맹목적으로 추구하는 욕망이 아니라 세상이라는 무대에서 자신이 옳다고 믿는 가치를 실현시키고자 하는 목표이다.

단 이러한 야망이 개인적인 욕망에 그치지 않고 많은 이들로부터 인정받거나 공감을 얻기 위해서는 '공정'과 '정의'라는 중요한 원칙이 우선적으로 지켜져야 하는데, 힐러리는 이 원칙을 무시하지 않고 끝까지 지켜 나갔다.

그는 남을 짓밟고 올라서서 힘을 과시하고 싶은 것이 아니라 보다 가치 있는 것들을 이루기 위해서 힘이 필요하다고 생각했다. 단순히 대통령이라는 직책을 이용하여 권력을 휘두르겠다는 야망이 아니라, 보다 아름다운 세상을 만들어 나가기 위해서 사회를 변화시키는 데 영향력을 미치는 건강한 권력을 갖고 싶어 한 것이다.

그랬기에 그는 자신의 능력으로 여성들의 권리 신장과 어린이들의 인권보호 법안을 만들기 위해 애썼고, 그것을 이루기 위해 끊임없이 노력했다.

다시 말해 그는 헛되고 그릇된 욕망이 아니라 큰일을 이루고자 하는 소망, 세상과 맞서겠다는 큰 꿈을 품고 있었던 것이다.

수많은 사람들이 그에게 열광하는 이유도 세상을 바꿔보려는 그의 야망과 지칠 줄 모르는 정치에 대한 의지, 삶에 대한 뜨거운 열정을 느낄 수 있기 때문이다. 또한 그가 얼마나 미국을 사랑하고 미국 정치를 사랑하는지를 알기 때문이다.

그렇다. 야망이란 단지 부富를 이루거나 권력을 쟁취하는 것이 아니라, 우리의 삶을 가치 있고 의미 있는 것으로 승화시켜 나가는 데 필요한 꿈이다. 물질과 세상적인 명성에 연연하거나 굴복하는 것이 아니라, 자신의 욕망과 세상의 모순과 유혹에 맞서서 순간일 뿐인 인생에서 영원성을 획득하는 것이다. 그리하여 어떠한 결과, 즉 정의로운 세상을 이루는 데 일조하는 것이다.

그렇다면 힐러리와 같은 그런 야망이 나에게도 있는가?

야망은 클수록 좋다. 그러므로 두려워하지 말고, 뻔뻔스럽다는 얘기를 들을 각오를 하고서라도 야망을 드러낼 필요도 있다. 지금의 나의 위치는 상관없다. 남자든 여자든, 나이가 많든 적든 그런 것도 상관없다. 어떤 일을 할 수 있고, 반드시 해야 한다고 생각하면 반드시 길이 열리기 때문이다.

세상의 많은 일은 열정과 함께 노력을 멈추지 않는다면 대부분 이루어진다. 세상이 공정하고 정의롭다면 야망이 미래의 현실로 나타나는 것, 그것이 순리이기 때문이다.

힐러리는 줄곧 자신의 야망과 미국의 미래를 위해 도약할 준비를 하고 있었다. 그리고 미국의 발전이라는 명확한 목표를 향해 69년 동안 한눈팔지 않고 달려왔다.

물론 그에게도 자기존중과 자기창조라는 어마어마한 용기가 필요했던 어려운 과정들이 숱하게 있었을 것이다. 그뿐인가. 높은 직위에서 오는 부담감, 개인적으로 힘들게 했던 크고 작은 사건들, 그리고 수많은 시련도 있었다. 하지만 그는 권력에 대한 정치적인 야심을 솔직하게 드러냈고, 수많은 비난을 억척스럽게 견뎌냈다.

힐러리는 일찍부터 확고한 삶의 목표를 가지고 그 길만 바라보았다. 그리고 정치인으로서 50년을 치열하게 살아오는 동안 단 한 번도 포기하지 않았다.

힐러리가 살아온 것처럼 우리도 저마다의 꿈을 향해 매진한다면, 어떠한 위치에서 무엇을 하든 반드시 성공적인 삶을 만들어낼 수 있을 것이다.

비록 삶이 가시밭길처럼 험난하다 해도 포기하지 않고 목표를 향해 달려간다면, 훗날 '그래, 나도 제법 괜찮은 삶을 살았어.' 라고 말할 수 있게 된다는 말이다.

물론 힐러리에게도 단점이 있지만, 여자도 야망을 가져야 하는 이유 한 가지만은 분명히 배울 수 있지 않겠는가. 그 야망이 '옳은 것'이라면 말이다.

7

엄청난 양의 독서

힐러리는 선거운동 도중에 가끔 이런 말을 하곤 했다.

"나는 셀카를 찍고 사람들과 이야기도 많이 하지만 평소에는 책을
많이 읽고 집에서 시간 보내는 것을 참 좋아합니다."

여자로서 미국의 대통령 아내라면 최고의 자리라고 할 수 있다.
하지만 그는 영부인의 자리에 만족하지 않고 상원의원에 도전하여
성공하고, 미국 국무장관을 역임했다. 그리고 스스로의 힘으로 성별
을 넘어선 새로운 리더십 스타일을 보여주었다.

그는 자신의 삶에 가장 큰 힘이 되었던 것이 책, 즉 '독서'라는 사
실을 자주 언급했다.

힐러리의 책 사랑은 끔찍할 정도였다. 어린 시절부터 동화나 탐정소설, 역사소설뿐만 아니라 픽션과 논픽션을 가리지 않고 읽었다. 특정한 체험과 활동이 담긴 시리즈 형태의 작품도 즐겨 읽었다고 한다. 특히 청소년 시절부터는 철학과 고전을 주로 읽으면서 독서 토론을 자주 했는데, 그 결과 사고思考의 폭이 깊어졌다고 말한다.

대학에 들어가서는 학구적인 책들뿐만 아니라 자기계발에 관한 책도 많이 읽었으며, 요리와 데커레이션, 다이어트, 정원 가꾸기를 다룬 책들까지 틈틈이 읽었다고 한다. 그리고 그는 정치를 하면서는 외교력을 위하여 방문 지역의 정치·경제·문화·여행기를 상세하게 읽는 등 다양한 분야의 책들을 섭렵하는 독서광이었다.

그리고 '오늘의 당신을 만드는 데 결정적인 영향을 미친 책을 한 권 꼽으라면 어떤 책을 들 수 있겠는가?' 라는 잦은 기자들의 질문에, 그는 이렇게 답하곤 했다.

"과거나 지금이나 내 생각에 가장 큰 영향을 끼친 책은 〈성경〉입니다. 나는 성경책을 읽고 암기하면서 그 뜻에 인도를 받으면서 성장했습니다. 아직도 〈성경〉은 나에게 지혜와 위안의 원천일 뿐 아니라, 언제나 나에게 힘을 북돋아주는 근원과 같은 구실을 하고 있습니다."

그리고 그가 가장 좋아하는 작가는 '윌리엄 셰익스피어' 라고 하며, 셰익스피어는 집으로 초대해서 오랫동안 대화를 나누고 싶은 유일한 작가라고 했다.

휴렛팩커드(HP)의 첫 여성 최고경영자였던 칼리 피오리나는 대학 시절 역사를 전공했는데, 풍부한 인문학 도서와 함께 엄청난 중세사를 섭렵했다고 한다. 그리고 단 2장으로 요약하는 수업을 통해 명료한 브리핑을 할 수 있는 자산을 쌓았다고 했다. 콘돌리자 라이스 미 국무장관 역시 학창 시절에 읽었던 수많은 인문학 분야 책들과 완벽하게 익혔던 프랑스어와 러시아어 그리고 스페인어 등의 어학 책들이 자신의 성공에 밑거름이 된 자산이었다고 했다.

자신들의 분야에서 최고의 위치에 오른 이들의 성공 자산은 의외로 간단했다. 그것은 독서이며, 그들의 공통점은 젊을 때부터 각종 인문학적 지식과 교양을 쌓았다는 것이다.

힐러리도 예외가 아니다. 그의 독서량은 상상을 초월했다. 그를 세상의 중심에 우뚝 세운 것은 바로 책 사랑, 독서였다.

어릴 때부터 확고한 꿈을 갖고 있었던 그는 독서만이 그 꿈을 이룰 수 있다고 믿었으며, 그 꿈을 실현시키기 위해 책을 통해 얻은 지식과 지혜를 자신의 삶에 접목시키기 위해 부단히 노력했다. 그는 책을 통해 얻은 깊은 지식과 사고로 자신의 계획들을 늘 자신감 있게 추진했고, 치밀한 준비와 논리로 과정 중에 부딪히고 공격하는 기득권의 정치 세력들을 이길 수 있었다.

결국 힐러리를 싫어했던 사람들도 그의 지적 능력과 리더십에 매료되어 그의 팬이 되고 추종자가 되었는데, 힐러리가 남다른 자신감을 가질 수 있었던 바탕에는 이처럼 지독하다 싶을 정도의 독서 습관이 자리하고 있었던 것이다.

> "사실 나는 혼자 집에 틀어박혀 책을 읽으며 인생에 대해 깊게 돌아
> 볼 때가 많았습니다. 그 시간들이, 나 자신과 자아 정체성에 대한
> 깊은 고뇌와 성찰이 나를 보다 깊고 강한 리더로서 성장시키는 원
> 천이 되었다고 생각합니다."

그리고 우리가 잘 모르는 사실 중 하나는 힐러리는 책을 잘 쓰기로 유명한 베스트셀러 작가라는 사실이다. 또한 힐러리는 그 유명한 신디케이트 칼럼니스트로 활동한 이력도 있는데, 집필은 그가 자신에게 닥친 시련과 위기를 뛰어넘는 데 아주 중요한 역할을 하기도 했다.

1996년부터 2000년까지 4년 동안, 그 바쁜 백악관 시절에 무려 세 권의 책을 저술했다. 그리고 2003년에는 ≪살아 있는 역사Living History≫라는 제목의 아주 두꺼운 자서전을 펴냈다. 그리고 국무장관 재임 시절의 활동을 정리한 회고록 ≪힘든 선택들Hard Choices≫까지 출판했는데, 한마디로 대단한 문필가라 아니할 수 없다.

그런데 이 모든 책을 유명인들이 흔히 그러하듯 대필을 한 것이 아니라 자신이 직접 썼다는 것이다. 물론 전문가의 교정은 있었겠지만, 이쯤 되면 그를 논픽션 작가로 불러도 무리가 없을 듯싶다. 어릴

때부터 어머니의 손에 이끌려 수많은 책을 읽은 덕분이다.

힐러리는 자신이 책을 좋아하게 된 배경에 대해 이렇게 말했다.

"늘 나를 도서관에 데리고 간 어머니의 열성 덕분에 풍부한 학식을 얻을 수 있었습니다."

힐러리가 보기 드문 재능을 타고난 특별한 소녀임을 일찍이 알아본 그의 어머니는 그가 책을 통해 세상을 배우기를 바랐다고 한다.

힐러리는 철학책과 고전을 많이 읽으라고 권유한다. 철학책과 고전을 읽고 사고하면 아무리 둔재라도 결국 똑똑하고 유능한 인재로 거듭날 뿐만 아니라 특히 글 쓰는 재주를 스스로가 발견할 수 있다는 것이다. 그리고 철학과 고전을 중심으로 독서 토론을 함께 병행하는 독서법이 아주 중요하다고 강조한다.

그는 젊었을 때부터 자신의 멘토들로부터 영향을 받아 철학과 고전을 많이 읽고 토론하는 습관을 스스로 만들어 나갔다고 한다. 물론 제목만 들어도 머리가 아픈 것이 철학책과 고전이다. 사실 내용을 이해하는 것조차 쉽지 않다. 하루 종일 읽어도 몇 페이지밖에 진도가 나가지 않는 책들이 대부분이다. 하지만 그는 모든 것이 경쟁적인 현대사회에서 누구나 읽는 베스트셀러만 골라 읽어서는 다른 사람들과 차별화되는 것을 기대할 수 없다고 생각했으며, 특히 천재 사상가들의 저작을 열심히 읽고 소화하여 사고 능력을 키우는 것이야말로 성공으로 향하는 지름길이라는 사실을 일찍이 간파하고 있었던 것이다.

그렇다. 어린 시절부터 쌓아온 그의 다양한 독서 경험은 험난한 정치생활을 해나가는 데 필요한 자양분이 되어 주었다. 그리하여 힐러리는 여자를 뛰어넘어 도전의 아이콘이 되었다. 그가 도전해 온 삶의 흔적은 역사의 한 페이지로 남게 되었으며, 그의 강인한 정신은 많은 사람들에게 영감을 줄 것이 분명하다.

빌 게이츠와 마크 주커버그는 몇 가지의 공통점이 있다. 둘 다 하버드 대학 자퇴생이다. 그리고 IT 산업으로 짧은 시간 안에 세계적 갑부의 대열에 오른 화제의 인물이다. 하지만 그것보다 더 값진 것은 두 사람 다 독서하는 습관이 몸에 배어 있다는 사실이다. 널리 잘 알려진 것처럼 빌 게이츠는 일주일에 두 권의 책을 읽고 독후감을 공개하는 파워 블로거이다. 마크 주커버그도 어떤 일이 있어도 매주 두 권의 책을 읽고 스스로 그 책을 소개하면서 전 세계에 독서 열풍을 일으킨 장본인이다.

특히 빌 게이츠는 "오늘날의 나를 있게 한 것은 우리 동네 도서관이었다. 하버드 대학교 졸업장보다 나에게 더 소중했던 것은 독서하는 습관이었다."고 말한다. 책으로 다져진 내면의 힘이 없었다면 오늘날의 자신이 존재할 수 없었다는 것이다. 책을 읽지 않고 성공하겠다는 것은 운동도 하지 않고, 거기에다 담배까지 피우면서 건강하게 오래오래 살겠다는 것과 전혀 다를 바가 없다고 비유하기도 했다.

워렌 버핏은 일과 시간의 80%가량을 독서에 쏟을 정도로 책을 사랑하는 사람이다. 그는 책 속에서 성공과 투자의 법칙을 알게 되었다고 했다.

"나의 인생을 바꿀 수 있는 가장 위대한 비책은 독서였습니다."

성공한 사람들의 88%가 매일 30분 이상 책을 읽는다고 한다. 반면 그렇지 못한 사람들은 오직 2%만 책을 읽는다고 한다.

그렇다. 한 번 지나간 시간은 다시 돌아오지 않는다. 그 시간 속에서 지혜를 축적해 놓지 않으면 세상에 나갔을 때 제대로 할 수 있는 일이 별로 없다는 사실을 우리는 심각하게 인지하지 않으면 안 된다.

바바라 투크만은 "만약 이 세상에 책이 존재하지 않는다면 역사는 침묵할 것이고, 문학은 벙어리가 되고, 과학은 절름발이가 되며, 모든 생각과 성찰은 멈추어버릴 것이다."라고 했다. 안중근 의사는 사형이 집행되기 전 마지막 소원을 묻자 "5분만 시간을 더 달라. 읽다 만 책을 마저 읽고 싶다."고 했다.

그렇다. 어떠한 환경도 책을 향한 인간의 근원적인 애정을 대신할 수는 없다. 삶의 가치관과 목적을 우리에게 심어주고, 꿈꾸는 모든 사람들의 생각과 운명을 바꿔주는 것이 책의 소임이기 때문이다.

한 권의 책을 읽은 사람은 두 권의 책을 읽은 사람의 지도를 받게 되어 있다는 링컨의 말처럼 '세상은 꿈꾸는 자들이 바꾸고, 그 꿈은 쉼 없는 독서를 통해 스스로 키워가는 것' 임을 확실히 믿어야 할 것이다. 그것은 독서만큼 인생의 능력을 끌어올릴 수 있는 방법이 달리 없기 때문이다.

이쯤에서 우리는 자기 자신에게 한 번 물어보자.

'나는 한 달에 몇 권의 책을 읽고 있는가?'

이 질문에 선뜻 대답할 수가 없다면 지금의 내 꿈은 점점 더 멀어지고 있는 것이다. 책을 읽지 않은 사람이 책을 많이 읽은 사람을 이길 수 있는 방법은 아무것도 없다.

많은 사람들이 꿈을 갖고 있다. 하지만 그 꿈을 어떻게 이루어 나가야 하는지는 제대로 알지 못한다. 자신의 꿈을 이루어 나가는 데 가장 중요한 하나를 꼽으라면 단연 책을 많이 읽어야 한다는 것이다. 무조건 책을 많이 읽는 것이 능사라는 말이다.

책은 우리의 삶에 동기부여를 해줌은 물론, 체계적이고 깊은 지식을 전해 준다. 나아가 책은 훌륭한 멘토와 스승이 되어 주며, 우리의 인생관과 가치관을 순식간에 가장 최고의 것으로 바꾸어주기 때문이다.

힐러리가 유난히 후배들에게 자주 하는 말이 있다.

"후배들이여! 무조건 책을 무시무시하게 많이 읽는 여자가 되십시오."

그야말로 무시무시한 충고다. 사실 힐러리가 미국의 최초 여성 대통령 후보까지 될 만한 힘을 처음부터 가진 것은 아니었다.

하지만 책을 통해 늘 배우고 익히는 모습, 그리고 자신의 부족한 상황들을 솔직하게 인정하고 드러내는 당당함, 그 부족함을 메워 나가기 위해 노력하는 무서운 집념과 끊임없는 도전 그리고 뜨거운 열정 등이 있었기에 위대한 힐러리, 세계 최고의 여성 정치인이 될 수 있었던 것이다.

8

미래를 내다보는 직관, 3D 사고 능력

2006년에 스티브 잡스가 처음으로 아이폰 3G를 만들어 세계를 놀라게 했다.

애플은 휴대전화기를 만드는 회사가 아니었다. 그렇다고 능력이 있는 반도체 회사도 아니었다. 그런데 세계에서 제일 잘 나가던 삼성보다 먼저 스마트 폰을 만들어버린 것이다. 많은 기자들이 질문했다.

"아이폰에 대한 수요를 조사해 본 적이 있습니까?"

잡스의 입에서는 한 치의 주저함도 없이 대답이 튀어나왔다.

"알렉산더 벨이 전화기를 발명할 때 그 수요를 조사하고 발명했을까요?"

훌륭한 리더는 보이지 않는 것을 보는 사람이다. 이를 가능케 하는 것은 리더가 가진 직관의 힘이다. 이것이 바로 힐러리의 정치철

학의 요체이다.

그것은 지금 당장 눈앞의 작은 이익 하나만 생각하는 순간의 사고 思考나 평면으로만 바라보는 획일적 사고가 아니라 더 크고 넓은 미래, 즉 공간적 사고의 넓이까지도 생각할 줄 아는 지혜로움의 사고이다.

힐러리를 뛰어나다고 하는 것은 그가 미래를 내다보는 직관과 입체적으로 사고할 줄 아는 탁월한 3D 능력이 있기 때문이다. 다각적 사고로 대처해 나가야 할 가장 중요한 본질이 무엇인가를, 지금의 현실과 상황 그리고 전체의 흐름을 마치 자신의 설계도를 들여다보듯이 파악할 줄 아는 능력 말이다.

2008년 힐러리가 경선에서 오바마에게 패배하자, 민주당 내에서는 '오바마 대통령 – 힐러리 부통령'의 소위 드림 티켓론이 논의되기 시작했다. 하지만 힐러리는 부통령 러닝메이트를 단칼에 거절했다. 그러자 전직 대통령의 부인이 부통령이 될 수 있느냐에 대한 논란과 힐러리가 경선 과정에서 진 거액의 빚 때문에 거절했다는 분석까지 나왔다. 하지만 그것은 분석에 불과할 뿐이었다. 힐러리의 속마음은 그것이 아니었다. 그는 다음 기회의 대선을 노렸던 것이다.

그가 다음번의 대선을 노린다는 것은 사실상 어려운 일이었다. 그 이유는 오바마 대통령이 4년 후 민주당 재선 후보로 다시 출마하는 것이 기정사실인 데다, 2016년 대선 때에는 힐러리의 나이가 이미 70고령을 바라보기 때문이다. 게다가 힐러리가 이미 큰 내상을 입었을 뿐만 아니라 경선 패배로 인해 힐러리의 오랜 참모그룹들이 와해될 수도 있는 상황이어서, 8년이 지난 후에 힐러리가 대선에 재도전할 경우 해결해야 하는 과제가 너무 많다는 의견이 지배적이었다. 한마디로 8년 후의 대선 출마는 불가능 그 자체로 보였다.

그렇다면 힐러리가 왜 부통령 러닝메이트를 거절했을까? 결론적으로 말하자면 부통령 정도는 그의 성에 차지 않았기 때문이다.

힐러리가 믿는 것은 자신의 능력이었다. 냉철한 판단력과 지성, 자신만이 가지고 있는 당당함과 그 누구도 넘보지 못하는 강력한 입지 그리고 자신만의 경험과 일에 대한 열정, 이와 함께 그의 트레이드마크로 불리는 똑똑함이 있었다. 그리고 또 있다! 그것은 클린턴 가문에 따라오는 든든한 인맥을 활용할 수 있는 조건을 갖춘 데다 민주당 내에 이렇다 할 경쟁자가 부각되지 않았기 때문에 자신이 확실한 대안이 될 수 있다고 이미 생각하고 있었던 것이다.

모든 일을 두 가지 시각에서 보는 눈, 어떠한 문제나 사건을 양면에서 바라보며 모든 입장을 이해해 나가는 능력……. 그것이 바로 힐러리의 입체적인 사고 능력이다. 그리고 남들과 다르게 생각하는 직관과 멀리 내다보는 뛰어난 능력은 타의 추종을 불허한다.

힐러리의 입체적 면모를 살피다 보면 눈에 크게 띄는 점이 하나 있다. 바로 남편이 저질렀던 르윈스키 사건 때의 일이다. 끊임없이 따라다니는 남편의 불륜과 스캔들이 위기이기만 한 것이 아니라, 오히려 자신의 정치적 입지에 큰 도움이 될 수도 있다는 생각을 가졌다는 점이다.

물론 처음에 모니카 르윈스키와의 불륜설이 돌았을 때 힐러리는 이를 보수 측의 음모라고 규정했다. 하지만 스캔들이 사실로 드러났을 때에도 이혼은 하지 않을 것이라고 밝혔다. 그런데 2003년에 출간된 자서전을 통해 '이 양반이랑 계속 살아야 해?'라고 고민했다고 솔직히 털어놓자, 이를 두고 그가 정치적 목적 때문에 이혼하지 않은 게 아니냐는 비판이 쏟아지기도 했다.

그러나 남편을 감싸는 모습을 보여준 그에 대한 동정 여론이 확산되면서 그에 대한 지지율은 70%대를 넘게 되었고, 이는 결과적으로 그가 정계로 진출하는 데 결정적인 도움이 된 것이 사실이다.

그리고 일단 2012년 대선에서 오바마가 클린턴 전 대통령의 지원사격을 받았기 때문에 재선될 경우 어떻게든 클린턴 전 대통령을 배려할 수밖에 없을 것이고, 이미 대통령을 지낸 클린턴 전 대통령에 대한 배려의 결과는 힐러리의 2016년 출마 지지로 나올 수밖에 없다는 것을 그는 이미 계산하고 있었던 것이다.

2009년, 대통령에 당선된 오바마가 힐러리에게 국무장관직을 제안했을 때 이를 수락했던 이유도 바로 그 때문이다. 대통령으로 가기 위한 정치적 끈을 만들어야 하기 때문에······.

당시 힐러리는 어떤 문제든 쉽게 결정하는 것이 매우 어려운 상황이었다. 지도자로서 인간적 한계에 직면하여 고뇌하고 분노할 수밖에 없는 일의 연속이었다. 하지만 그는 자신의 목적을 이루기 위해 그때 무슨 일을 어떻게 해나가야 하는지를 정확히 알고 있었을 뿐 아니라, 자신이 가지고 있는 모든 생각과 사고와 논리까지 총동원하여 레고를 맞추어 나가듯 또 다른 공간을 새롭게 입체적으로 만들어 나갔다. 자신의 입장과 상대방의 입장, 그리고 적들의 상황을 마치 조감도를 들여다보듯 파악해 나가며 의연하게 미래의 상황을 응시하고 있었던 것이다.

힐러리의 행동은 분명히 남달랐다. 다시 말해 그는 중요한 문제를 직접적으로 언급하거나 결정하는 것이 아니라, 자신이 가지고 있는 차갑고 독특한 지성으로 여러 번 생각해 보고 모든 상황을 입체적으로 꿰어 맞췄다. 그리고 멀리 바라보면서 결정구 던지는 것을 좋아하는 전형적이고도 탁월한 3D 사고의 소유자답게 대응해 나갔다.

그렇다면 이러한 3D 사고는 어디에서 나오는 것일까? 간단하다. 자신을 이길 수 있는 냉철한 판단력과 초인적인 훈련 그리고 노력이 수반된다면 가능한 일이다.

물론 그것은 사람마다 다르겠지만 대부분의 경우 삶 속에서의 절박한 체험을 통해 얻어진다. 하지만 그것 못지않게 중요한 것은 책이다. 입체적인 사고의 능력을 키우기 위해서는 반드시 책을 읽어야 한다는 말이다.

힐러리의 경우도, 다양한 일들을 하면서 터득한 경험이 입체적 사고방식을 형성하는 데 역할을 했겠지만 그것 또한 지속적으로 해온 독서가 바탕이 되었다고 한다. 특히 역사 속에서 오랜 세월동안 축적된 인류의 사고와 가치가 들어 있는 철학책과 고전을 통해서 말이다.

그렇다. 힐러리가 미래를 내다볼 줄 아는 탁월한 직관력과 사고 능력이 뛰어난 것은 결코 우연이 아니었던 것이다.

다른 영역에서 일하는 사람들도 마찬가지겠지만 특히 정치인은 언제나 찰나의 기회를 포착하는 특별한 순발력과 직관이 요구되는데, 힐러리는 그런 점에서도 자신의 꿈을 향해 달려갈 요건을 이미 갖추고 있었던 것이 분명하다.

비록 이번 대선에서 패배했지만, 그가 자신의 탁월한 3D 사고 능력을 동원하여 어떤 도전을 시도할는지는 모르는 일이다. 정치는 움직이는 생물이며 공학이기 때문이다.

9

흔들리지 않는 강력한 리더십

지금까지 44명의 남성들만 거쳐 간 미국의 대통령 자리.

힐러리는 어떻게 여성이라는 한계에도 불구하고 미국 최초의 여성 대통령 후보가 되었을까? 결론적으로 말하자면 남성 못지않은 강력한 리더십의 소유자였기 때문이다.

그는 숱한 스캔들과 정쟁의 집중포화 속에서도 의연하게 대처하며 상황을 반전시켜 나가는 저력을 보여주었는데, 역경 속에서 빛을 발하곤 했던 그러한 저력이야말로 흔들리지 않는 강력한 리더십의 반증이 아니고 무엇이겠는가.

힐러리는 어릴 적부터 아버지로부터 리더로서의 교육을 받았고, 대학 시절부터 자신의 남편은 대통령이 될 것이라고 공언하며 다녔다. 그리고 그는 그것을 입증해 냈다.

전문직업을 가진 퍼스트레이디였던 그는 남편의 임기가 끝난 후

곧바로 정계에 입문해서 나 홀로 서기를 하여 어느 지역보다도 치열하고 막강한 뉴욕 주의 상원의원이 되었다. 이후 미국 국무장관까지 역임했다.

거기까지 오는 데 가장 중요한 역할을 한 것은 결단력과 판단력을 키워드로 하는 강력한 리더십이라고 많은 전문가들은 입을 모으는데, 힐러리도 그의 자서전에서 이런 말을 강조했다.

"지도자의 자리는 한마디로 참으로 어려운 결단을 내리지 않으면 안 되는 자리입니다. 모든 리더십은 결단에서 나오는 것입니다."

그렇다. 힐러리가 보여준 리더십의 핵심은 힘든 선택을 피하거나 미루거나 떠넘기지 않고, 고뇌에 찬 결단을 용기 있게 내림으로써 명분과 실리를 찾아내는 것이었다. 또한 그것은 힐러리의 정치 철학이기도 했다.

그는 국무장관직을 떠나면서 이렇게 말했다.

"이제 미국은 새 시대에 맞는 새롭고 강력한 리더십을 반드시 필요로 합니다.

……20세기에 우리가 구축한 호의적 관계는 영속되지 않을 것입니다. 하지만 리더십은 천부적인 권리가 아니라 각 세대가 얻어야 하는 권리입니다. 그러므로 미국은 모든 수단을 동원해서라도 강력한 리더십의 관계를 맺는 기회를 넓혀 나가야 합니다."

그의 어조는 매우 강력했고, 모든 수단을 동원해서라도 정치적 명분과 실리를 찾아야 한다는 그의 정치 철학이 고스란히 드러났다.

흔히들 힐러리를 강력한 리더십의 소유자라고 하듯, 그는 소신이 분명하다. 그러나 그는 급격한 정치 혁명을 통한 근원적인 개혁을 요구하기보다는 점진적 개혁을 강력하게 주장하는 것으로 보인다.

그가 중국을 바라보는 시선에서도 그러한 면이 엿보인다. 물론 공화당 쪽의 대對 중국 강경파보다는 유연한 편이었지만, 그렇다고 무조건 협력적 관계를 강조하는 비둘기파도 아니었다.

2011년 가을, 오바마 행정부가 대 아시아 정책의 종합판을 내놓을 때의 일이다. 어젠다가 '아시아 재균형 정책'으로 이야기가 오고 가자, 힐러리는 중국한테만은 강하게 밀어붙여야 한다며 '아시아 회귀Pivot to Asia'라는 이름을 붙이자고 강력하게 요구했다. 그러나 그 당시 백악관에서는 '아시아 회귀'라는 표현이 너무 군사적 뉘앙스가 강하기 때문에 중국이 반발할 수 있다고 우려하면서 반대했다. 하지만 끝내 힐러리의 결정을 뒤집지는 못했다.

결국 미국의 군사력과 경제력의 새로운 화두로 아시아 태평양 지역을 공략한 강력한 그의 주장이 반영되어, 그는 쇠락해 가던 미국의 위상을 부활로 이끈 주인공이 되었으니까 말이다.

또한 무려 75년 동안 20번의 대선에서 공화당을 지지했던 텍사스의 유력 일간지 〈댈러스 모닝 뉴스〉가 처음으로 민주당의 힐러리를 지지한다고 표명했는데, "그가 상원의원 시절 발의한 법안의 3분의

2에 공화당 의원들이 서명했을 정도로 공화당 의원들로부터도 '신망'을 받았을 뿐 아니라, 그는 정부 운영 경험, 공직 경력 그리고 실제 정책에 집중하려는 의지를 갖고 있다."고 평했다.

그런가 하면 민주당 경선 때 힐러리가 캘리포니아 주에서 샌더스에게 압승을 거둔 다음 날 오바마 대통령은 〈NBC〉방송 '더 투나잇 쇼' 스타링 지미 팰런 프로그램에서 "힐러리는 굉장히 영리할 뿐만 아니라 웬만한 남자들보다도 훨씬 더 강인하고 강력한 리더십을 가진 여성 정치인이다."라고 추켜세웠다. 레임덕 없이 지지율 56%를 자랑하는 오바마 대통령마저도 그의 강력한 리더십을 인정한 것이다.

힐러리, 그는 분명 강한 신념과 열정을 보유한 미국 여성 정치인의 대명사로 불린다. 그 누구보다도, 그 어떤 남성보다도 강한 여성의 이미지를 구축하여 결국 미국 최초의 여성 대통령 후보까지 될 수 있었으니까 말이다.

그러나 냉철하고 이지적인 이미지가 워낙 강하게 부각되다 보니, 부드러움의 매력은 인정하지 않은 채 눈물을 보이는 등의 행동마저도 여성의 치명적 한계와 스케일의 약점이라고 폄하하기도 한다.

그러나 아니다. 힐러리는 21세기 여성 리더로서의 면모를 과감히 보여줬다. 영국의 대처 총리가 '철의 여인'으로 불리며 '남자 같은 여자'로 강인한 리더십을 보여줬다면, 힐러리는 대화와 타협을 중시하는 여성적 리더십을 보여준다. 대처는 옳다고 인정되면 막무가내로 밀어붙이는 스타일이지만, 힐러리는 유연성을 발휘하며 화합을 외치는 타협형이다.

그는 필요한 사람을 모으고 그 구성원들을 단결시키도록 하여 조직원의 활동을 극대화시켜 나가는 데 탁월한 능력을 발휘한다. 특히 부각되는 그의 장점은 신뢰와 존중과 배려이다. 존중과 배려로 조직과 개인의 목표를 달성하게 하는 능력이 뛰어난 리더라는 말이다.

리더로서의 힐러리가 가진 강점은 수도 없이 많다. 특히 그의 강인한 성격과 새로운 영역을 향해 지속적으로 도전하는 자세는 타의 추종을 불허한다. 그리고 이론적이며 논리적이다. 많은 지식으로 무장하여 경쟁력을 가지는 것, 특히 대안적 전략을 중시한다. 그뿐 아니라 오바마 행정부의 일원으로 막강하고도 충실한 역할을 한 관록의 소유자답게, 낡은 체제에 도전하고 새로운 체제를 설계하는 데 특출한 능력을 나타낸다. 그러한 능력과 거시적 안목을 바탕으로 세계적인 관심사를 추구하는 만큼, 그는 나라 안팎에서 불거지는 적대적 여론에 대처하는 법을 터득하고 있는 강인한 리더이다.

그는 여성이나 인권 문제 등에서는 상당히 열린 시각의 목소리를 내지만, 대외정책에서만큼은 오바마 대통령보다도 강경한 편이다. 아프가니스탄에 대한 군사행동도 적극적으로 지지했다. 상원의원 시절에는 이라크 전쟁에 대해 적극적으로 찬성하는 등 대외정책에서는 언제나 단호하고도 강력한 입장을 취한 정치인 중 한 사람으로, 심지어는 시리아 내전과 관련하여 반군에게 무기 지원을 해야 한다고 주장하기도 했다.

그리고 여성 리더로서 그가 가지고 있는 독특한 키워드가 있다. 따뜻한 인간관계, 페미니즘, 카리스마, 위기관리, 내면 탐구, 비주얼 그리고 타고난 자질 등……

그는 아칸소 주지사의 아내와 백악관 안주인을 거치는 동안 남편의 보조역할에 안주하지 않는 강인한 여성상을 보여줌으로써 힘이 약한 사람들에게 '교훈'과 함께 '희망'을 안겨주었다.

남편을 대통령에 도전하게 만든 것도 힐러리였다. 빌 클린턴도 대통령 출마에 대해서는 전혀 고려하지 않고 있었을 때, 승부사다운 강한 근성으로 모든 상황을 꿰뚫어보고 있는 힐러리가 충분한 가능성이 있다고 보고 밀어붙인 것이다.

1991년 당시에 이라크 전쟁의 대성공으로 조지 부시 대통령의 지지율이 무려 88%로 치솟아, 공화당은 물론이고 민주당에서도 대선 출마를 선언했던 사람들이 줄줄이 출마 포기를 선언하는 판국이었다. 이렇게 가능성이 낮은 대선에 나갔다가 떨어지면 아직 임기가 남은 아칸소 주지사는 고사하고 자칫 정치생명마저 위험할 수도 있는 상황이었다.

하지만 힐러리의 강력하고도 긍정적인 추진력이 빛을 발해 빌 클린턴이 대통령에 당선되는 쾌거를 이루었다.

또한 그는 국무장관 시절에 이란Iran 제재에 대해 러시아와 중국의 지지를 끌어냄으로써 이란이 두 손을 들 수밖에 없도록 만들었다. 힐러리가 그 일을 해내리라고 그 누구도 예상하지 못했지만, 그는 대단한 뚝심으로 일등공신이 되는 저력을 보여줬다. 특히 외교정책의 핵심인 스마트 파워의 실질적 주역이었던 그는 대통령을 능가하는 인기로 세계 곳곳의 순방길에서 환대를 받으며 미국의 힘을 과시하기도 했다.

우리가 살아가는 이 세상은 계층마다 정치의 이념과 경제적 · 사회적 · 문화적 욕구가 엇갈리는 등 다양성이 상존하고 있다. 이러한 상황에서 시대가 요구하는 리더가 되기 위해서는 다양성을 인정하며 대화와 타협을 중시하는 강력한 리더십이 수반되어야 한다. 이러한 리더십이 융합의 촉매가 될 때 상대뿐만 아니라 인간관계의 화학적 소통이 가능해지기 때문이다.

따라서 한 조직의 리더는 먼저 자신이 속해 있는 구성원들을 단결시켜서 조직원의 활동을 극대화시켜 나갈 수 있는 능력을 필수적으로 지녀야 하는데, 우리는 미국의 최초 여성 대통령 후보였던 힐러리를 통해서도 그러한 사실을 발견하게 된다. 그러한 능력은 사랑 · 신뢰 · 존중 · 배려의 마음이 뒷받침되어야만 발휘될 수 있는 힘이기 때문이다.

10

세상과의 소통 능력

미국 민주당의 유력 대선주자인 힐러리 클린턴 전 국무장관을 향해 공화당 라이벌들의 견제가 갈수록 거세지고 있을 때였다. 2015년 6월, 공화당의 린지 그레이엄 사우스캐롤라이나 상원의원이 〈폭스뉴스〉와의 인터뷰에서 "힐러리보다는 북한의 김정은과 이야기하는 것이 더 쉬울 것이다."라고 말하는 등으로 연일 힐러리 때리기에 나섰다. 이는 언론과의 소통을 기피하고 외부와 잘 소통하지 않는다는 점을 부각시키기 위한 발언이었다.

그를 싫어하는 사람들은 사사건건 이렇게 그의 발목을 잡았다. 트럼프는 물론이고 젭 부시 전 플로리다 주지사, 칼리 피오리나 전 휴렛팩커드(HP) 최고경영자 등 공화당의 잠룡들까지 합세하여 '보호받는 거품 덩어리'라고 지적하면서 언론을 피해간다고 공격했다.

그런 중에 미국의 일간지 〈크리스천사이언스모니터(CSM)〉가 '클린턴 전 장관은 대선 출마를 공식화한 이후 21일 동안 단 한 번도 언론의 질문에 답한 적이 없었다.'고 보도하자, 이때 힐러리의 선거 캠프는 텍사스 서던 대학교 연설에서 '인터뷰는 없다. 그의 연설이 곧 인터뷰다.'라는 취재 가이드를 제시했다. 그러자 〈CSM〉은 '대선 레이스에서 선두를 달리는 힐러리가 언론과의 소통을 꺼리는 이유는 국무장관 시절 개인 이메일을 사용했다는 의혹과 리비아 벵가지 주재 미 영사관 피격사건 대응 등을 둘러싼 비판과 공격적 질문을 비켜가기 위한 것이 아니냐.'는 해석을 내놓음은 물론, '힐러리가 같은 당 소속인 버락 오바마 현 대통령과 미묘하게 거리를 두는 조심스러운 행보를 하고 있는 것도, 그가 외교정책에 관한 공개 논의를 피하려 하는 측면으로 보인다.'는 분석까지 내놓았다.

하지만 그의 실제 모습은 이와 다르다. 그는 상대가 누구든 간에 상대방의 마음을 열 수 있는 천부적인 소질을 가진 사람이다. 정치인들이 흔히 자신이 하면 소통이고 남들이 하는 것은 불통이라고 하지만, 단언컨대 그는 놀라운 커뮤니케이터이다. 민주당뿐만 아니라 공화당 의원들에게까지도 가장 소통을 잘하는 사람 중 한 사람으로 이미 널리 알려져 있다.

그런데 그런 그에게 '불통'의 이미지가 심겨진 이유는 무엇일까?
2008년 민주당 경선 때 소셜 네트워크 서비스(SNS)를 적극 활용한 오바마 대통령의 홍보 전략에 밀리면서 패배한 데다, 지역 정치인이 아닌 국무장관으로 재임하는 동안 일반 유권자와의 소통이 부족한 것처럼 비쳐졌기 때문이다.

물론 사실과 거리가 먼 억울함도 있겠지만, 풀뿌리grassroots 단체와의 교감이 부족하고 소통을 위한 전략이 짜임새 있게 전개되지 못했다는 분석이 지배적이었다.

그래서 힐러리가 2015년도에 대선을 준비하면서 가장 염두에 둔 것이 바로 '소통'이었다. 그가 온라인을 통해 동시에 대선 출마 선언을 한 것도, 약점으로 꼽히는 젊은 유권자와의 소통을 강화하고 실리콘밸리 업계의 지지를 이끌어내기 위한 의도에서였다. 마찬가지의 이유로, 그는 페이스북과 트위터 본사에서 강연을 하는가 하면 구글의 최고 책임자 중 한 사람인 스테파니 해넌을 선거 캠프에 영입하는 등 디지털 미디어 전략을 강화했다.

뿐만 아니라 또 다른 소통의 방법으로 저인망식 소통 구조를 택했으며, 유권자들을 일일이 집까지 찾아다니는 캔버싱Canvassing을 하기로 결정했다. 선거운동은 단순한 홍보가 아니라 유권자와 소통하는 자세가 중요하다는 것을 너무나 잘 알고 있기 때문이다.

2015년 4월 13일에 힐러리 클린턴은 대형 출정식이나 기자회견 등의 전통적인 방식에서 벗어나 유튜브 영상을 통해 "모든 미국인들은 챔피언을 필요로 하고, 나는 바로 그 챔피언이 되길 원한다."라며 "나는 여러분의 표를 얻기 위한 여행을 떠날 것."이라고 대선 출마를 공식 선언했다. 아울러 트위터(@hillaryclinton)를 통해서도 대선 출마를 공식적으로 알렸는데, 이때 그보다 앞서 대선에 뛰어든 민주당이나 공화당 후보들을 완전히 압도하는 '소셜 반향'을 일으켰다. 그가 트위터를 통해 출마를 선언한 지 9시간 만에 무려 1,200만 뷰를 기록했고, 이틀 만에 트위터 팔로어가 16만 명 이상 증가했다.

이런 방식으로 차기 미국 대통령 선거 출마를 선언한 후 대중 연설을 하는 등으로 보폭을 넓혀 나간 그는 새로운 인터넷 플랫폼을 선거운동에 활용하는 것은 물론이고 심지어는 '페리스코프'라는 모바일 생방송과 음원 스트리밍 서비스인 '스포티파이'까지에도 선거운동 창구로서의 문을 활짝 열어놓았다.

그는 첫 연설에 앞서 인스타그램에 자신의 개인 사진을 올리고서 '유튜브'는 물론이고 '스냅챗' 등을 활용하여 유권자와의 직접 대화에 심혈을 기울였는데, 특히 대선을 30여 일 앞둔 시점에서는 대중적인 유세보다 유권자들과 일 대 일로 소통하는 방식에 주력하여 친근하고 인간적인 모습을 보여주며 민심을 파고들었다. 스냅챗과의 인터뷰에서는 자신의 젊은 시절에 대한 이야기를 많이 들려주었고, 흑인 가수 메리 제이 블라이즈와 직접 만나 경찰의 잔인한 공권력 행사에 대해 이야기할 때에는 두 눈에 눈물이 고이는 모습을 보여주기도 했다.

그리고 그가 즐겨 했던 일 중 하나는 젊은이들을 자주, 그리고 많이 만난다는 것이다. 그는 국내든 외국 어디를 가든지 간에 젊은이들을 만나는 일정을 반드시 잡는다. 그중에서도 특히 대학 강단을 자주 찾는다. 그리고 그는 일방적인 강연으로 끝내는 것이 아니라 반드시 질의에 응답하는 순서를 가짐으로써 그들과의 소통을 멈추지 않는다.

그가 젊은이들을 만날 때마다 강조하는 말이 있다.

"나의 미래 파트너는 미국의 젊은이들입니다. 이들은 도전정신과 실천력으로 반드시 미국의 미래를 밝혀 나가야 할 인재들입니다."

힐러리는 소통의 부족으로 패배했던 경험을 잊지 않고, 국민들을 만나기 위해 다양한 방법을 강구했다. 또한 힐러리 캠프의 참모들도 다른 후보들의 참모에 비해 적극적으로 언론 인터뷰에 응했는데, 이는 힐러리의 특별 지시라고 한다.

오바마 대통령 가까이에서 공보국장을 지내다 힐러리 캠프의 대변인이 된 제니퍼 팔미에리는 〈뉴욕타임스〉와의 인터뷰에서 "힐러리는 유세 때 가게에서 만나는 손님들이나 군중들, 그리고 심지어 마약 중독자들과 나누는 대화에서도 생각보다 상당히 오랫동안 소통의 시간을 보내곤 합니다."라고 강조하며, 때로는 그런 시간들이 "힐러리 자신에게도 아주 좋은 치유의 시간이 되곤 해요."라며 선거운동 뒷얘기를 털어놓기도 했다.

또한 흑인들과의 접촉면을 넓혀 나가며 그들을 상당히 자주 만났는데, 심지어는 자신의 유세를 방해하려던 흑인 운동가들과도 적극적으로 접촉했다. 특히 뉴햄프셔 주 킨에서는 유세를 마친 뒤 다섯 명의 '블랙 라이브즈 매터(Black Lives Matter, 흑인의 생명도 소중하다)' 회원들을 일부러 따로 만나 비공개 면담까지 했다. 그가 먼저 손을 내밀어서 말이다.

그런가 하면 2015년에는 미주리 주 퍼거슨에서 경찰의 총격에 사살된 마이클 브라운, 뉴욕에서 경찰의 목 조르기로 숨진 에릭 가너, 또 다른 숨진 피해자들의 어머니 10여 명을 시카고로 초대하여 그들의 가슴 아픈 사연에 귀 기울임은 물론 꼼꼼히 필기까지 해가면서 소통의 공감대를 형성하는 모습을 보였다.

그러자 약자에게 다가가는 그의 진실된 모습과 호소에 감동한 사람들이 자신들의 커뮤니티에 글을 올려, 힐러리를 적극적으로 지지하는 계기를 만들었다. 떠들썩했던 여성 인권뿐만 아니라 흑인 인권에 관해 소신 있는 조언을 아끼지 않은 결과였던 것이다.

물론 억울한 면도 없지 않았지만, 그는 지지자들이나 언론으로부터 소통이 부족하다는 지적을 받아온 만큼 소통하는 모습을 보여주기 위해 많은 노력을 기울였다. 그러한 과정에서 다양한 채널을 통해 그가 노력하는 모습이 자주 노출되자, 국민들은 힐러리가 열려 있는 생각을 가진 정치인이라는 사실을 차츰 깨달아 갔다.

그리고 일부 사람들이 오해하는 차가운 불통 이미지와는 달리, 힐러리가 가진 특별한 능력 중 하나가 유연성과 적극성이다. 그는 어떤 문제가 앞에 놓이면 자신의 권력과 명성 등 모든 것을 총동원해서라도 문제 해결을 위해 앞장서며 다양한 방법으로 해결 방안을 강구한다.

공직자로서 중요한 결정을 해야 될 때도 관련자들을 동시에 불러 모아 의견을 듣곤 했다. 이러한 마인드와 소집 능력으로, 국무장관이었을 시절에는 미국의 군사력과 경제력을 내세워 문화와 외교를 조화시켜 나감은 물론 국제무대에서 미국의 위상을 재건시키는 데 크게 기여하기도 했다.

"내가 생각하는 외교는 정부와 정부 간에 통하는 것만은 아닙니다.
사람과 사람 간에 소통을 잘 해 나가는 것입니다."

리더십의 핵심 조건은 결국 소통이다. 타고나지 않았다면 노력을 해서라도 습득해야 하는 요건이다. 이것을 우리는 '전략적 소통 strategic communication'이라고 말한다.

우리의 인생도 그렇다. 만약 자기 자신이 소통에 서툰 사람이라고 생각된다면 각본에 의한 학습을 통해서라도 유연해질 수 있도록 노력해야 한다. 아울러 작은 만남부터 소중하게 여기고, 보다 열린 생각으로 세상을 향해 나아가는 적극적인 자세가 필요한 것이다.

소통을 잘하면 시야도 넓어지고 친구도 많아진다. 이유는 간단하다. 다양한 사람들과 생각을 나누고 공유함으로써 인간관계가 원만해지기 때문이다.

힐러리는 분명 자신이 하고 싶은 말만 하는 것이 아니라 상대방이 듣고 싶어 하는 것을 말할 줄 아는 사람이다. 한마디로 마음을 읽을 줄 아는 지도자라는 말이다.

우리가 힐러리를 알고 싶어 하는 이유도 바로 그것이다. 힐러리를 통해 세상을 보는 통찰력을 배울 수 있기 때문이다.

11

뛰어난 언변과 전달 능력

지난해 10월 라스베이거스에서 2016년 민주당 대선후보 첫 토론회가 열렸다. 자신감과 확신에 찬 당당한 힐러리의 자세는 마치 '대통령처럼' 보였다. 사회자의 질문에, 그는 의연한 태도로 전문 지식을 동원하여 답변하면서 논쟁과 이슈 하나하나를 정확하게 파악하고 있음을 은근히 과시했다. 그리고 평소와 달리 토론을 즐기는 듯한 편안한 태도로 인간적인 면모까지 친근하게 내비추었다.

그날 밤 힐러리는 뛰어난 언변과 전달력으로 청중을 사로잡았을 뿐만 아니라 지도자로서의 자질을 유감없이 보여줄 정도로 빛을 발했다.

첫 토론회는 힐러리 클린턴의 압도적인 승리였다. 이메일 사건과 벵가지 사건으로 추락할 위기에 놓여 있었지만, 탁월한 언변으로 대세론을 되살리는 반전의 기회를 잡았던 것이다. 오말리를 비롯한 다섯 후보는 '힐러리 대 샌더스 격전'의 주변만 맴돌다가 좌중을 사로잡을 수 있는 단 한 번의 기회마저 잡지 못했다. 그리하여 민주당 내에서 힐러리의 경선 승리 가능성은 72%로 껑충 뛰어올랐다.

힐러리는 탁월한 연설의 귀재다. 그리고 브리핑을 명료하게 잘하기로 이미 소문난 정치가였다. 어렵고 풀리지 않을 듯싶은 외교정책에 대해서도 쉽고 정확하게 설명하는 능력과 언변은 타의 추종을 불허할 정도로 뛰어나다. 특히 그는 자신의 주장을 쉽고 친근하게 표현하는 데 특출한 재능을 가졌다.

힐러리의 연설을 현장에서 직접 들을 기회가 있었는데, 그의 연설은 내용이 명료했고 핵심을 정확하게 짚어서 전달하는 능력에 혀를 내두르지 않을 수 없었다. 그는 자신이 하는 말을 누구라도 정확하게 이해할 수 있도록 전달하는 능력이 정말이지 뛰어났다. 특히 발음이 너무나 정확해서 쉬운 어휘를 사용하거나 간결한 문장으로 말하면 영어에 능통하지 않은 사람이라도 큰 어려움 없이 바로바로 이해하는 것이 가능하니까 말이다.

또한 그의 목소리는 항상 차분했다. 짧고 간단한 어법의 단호함은 때론 비장함까지 안겨줄 정도로 그의 연설은 언제나 정곡을 찔렀다. 2016년 9월 26일에 뉴욕 주 헴프스테드에서 '지상 최대 정치쇼'라고 일컬어지는 미국 민주·공화 양당의 대선후보인 힐러리와 트럼프 간의 첫 맞장 TV 토론이 있었는데, 이때도 힐러리는 자신의 강점을 유감없이 보여줌으로써 트럼프를 쩔쩔 매게 만들었다. 때로는 적절한 애드리브를 섞어가며 토론을 이끌어 간 그의 모습은 능수능란하기까지 했다.

그리고 그는 연설을 할 때 원고를 거의 읽지 않는다. 투명 프롬프터도 잘 쓰지 않는다. 그런데 말에 막힘이 없다. 청중과 눈을 맞추어가며 마치 물이 흘러가듯 자연스럽게 이야기를 이끌어 나가는데, 미리 준비해 놓은 원고가 머릿속에 완벽하게 담겨 있지 않으면 이런 연설은 할 수가 없는 것이다. 또한 여유가 있고 시선이 자유롭다 보니 그의 연설은 카리스마가 넘치고, 끊임없이 청중들과 눈을 맞춰가기 때문에 몰입도가 높아질 수밖에 없다.

정치인에게는 명쾌하고 유창한 언변이 매우 강력한 무기이다. 말을 조리 있게 잘한다는 것은 그만큼 자기 목표와 신념이 확실하다는 증거이기도 하므로, 듣고 싶은 말을 분명하게 전달해 주는 후보에게 유권자들이 높은 점수를 주는 것은 당연한 일일 테니까 말이다.

이처럼 그가 다양한 입장에 서 있는 사람들의 목소리를 생생한 언어로 전달할 수 있는 것은 그간 많은 사람들을 접하면서 쌓아온 폭넓은 경험과 문제를 해결할 수 있는 지식이 있기 때문이다. 그를 보면 말을 통해 대중들의 가슴에 꿈을 심어주는 것, 이것이야말로 정치인의 역할이며 대통령이 되기 위해서 반드시 갖춰야 할 자질이 아닐까 싶어진다.

정치의 시작은 웅변이라고도 한다. 그런 면에서 본다면 힐러리는 타고난 정치인일 수밖에 없는 인물이다. 물론 대중을 감복시킬 수 있는 정치 철학을 갖지 못한 채 말만 번지르르하게 잘한다고 해서 유능한 정치인이 될 수 있는 것은 아니다. 정치적 논리로 무장한 상태에서 유창하고 감동적인 말솜씨로 청중을 설파할 수 있는 자질이 있어야 진정한 정치인이라고 할 수 있는 것이다.

힐러리는 중학교 3학년 때 마틴 루터 킹 목사의 연설을 듣고 감명을 받아 전교생 집회에서 연설을 했었다. 그것이 그의 첫 번째 연설이었다. 그때 자신감을 얻은 그는 평소에도 연설에 관심을 갖고 많은 노력을 기울였다. 그것이 계기가 되어 웰즐리 대학교 졸업식에서 졸업생 대표로 연설을 하게 되었는데, 그의 연설이 얼마나 이상적이고 정열적이었는지 그 도도하던 명문대 학생들과 교수들이 무려 5분 동안이나 기립하여 뜨거운 박수를 보냈다고 하지 않는가.

그는 상투적인 졸업 연설이 아니라 여성들과 흑인 민권 문제 등에 관해 자신의 입장을 피력했는데, 그 연설의 내용은 〈라이프〉지에 소개되기도 했다. 또한 이 장면이 TV를 통해 방영까지 되어 하루아침에 언론의 주목을 받음으로써, 일약 유명 인사가 되기도 했다.

빌 클린턴과 오랫동안 함께 일하면서 누구보다도 힐러리에 대해 잘 알고 있는 딕 모리스는 "힐러리의 외모부터 말투, 행동에 이르기까지 대중을 사로잡는 폭넓은 매력 중 하나는 '마음을 움직이는 아주 뛰어난 언변'이다."고 했다. 그만큼 많은 국민들이 힐러리의 새로운 언어에 열광했던 것이다.

21세기, 이제 세상은 많이 달라졌다. 말을 논리적으로 잘해야 하는 시대가 되어버린 것이다. 물론 그 사람의 말 속에서 언행일치를 검증해야 하며 실천 가능성도 판단해야 하지만, 그만큼 언변은 인간관계에 있어서 중요한 위치를 차지하게 되었다.

뛰어난 언변은 대중을 긍정의 심리로 빠뜨리게 한다. 대중들이 말을 잘하는 사람을 좋아하는 것도 바로 그런 이유 때문이다. 그러고 보면 대중을 끌어 모으는 능력이 탁월한 사람들은 말을 잘하는 사람인 경우가 대부분이다.

그렇다면 어떻게 하면 말을 잘할 수 있을까? 물론 타고난 것도 있겠지만 그것보다 더 중요한 것은 노력을 하면 어느 정도 말을 잘할 수 있게 된다는 것이다. 타고난 끼도 중요하지만 노력이 훨씬 더 중요하다는 뜻이다.

힐러리를 보면 알 수 있다. 힐러리가 처음부터 똑똑하고 강하고 말을 잘했을 것이라고 생각하는 사람들이 많은데, 사실은 그렇지가 않다. 그는 어린 시절과 대학 시절인 20대 초반까지만 해도 실패를 몹시 두려워했으며, 뛰어난 언변과 전달력의 소유자도 아니었다고 한다. 그저 미래를 걱정하는 흔한 학생 중 한 사람이었다. 하지만 책을 통해서, 토론을 통해서 그리고 말하기 연습을 통해서 부단히 노력한 결과 뛰어난 언변을 갖게 되었다는 고백을 힐러리는 자주 했다.

마찬가지다. 우리도 평소에 관심을 갖고 좋은 문장들을 많이 읽고, 나아가서 그것을 스크랩하거나 외우는 등으로 부지런히 연습하면 말을 좀 더 잘할 수 있다. 말을 잘하기 위한 연습과 함께 책을 많이 읽어야 한다는 뜻이다. 그래야만 정확한 표현력이 길러지고 상대방을 설득할 수 있는 능력도 길러지기 때문이다.

특히 다수의 사람들을 상대로 말을 할 때는 하고자 하는 말의 내용을 명료하게 하고 핵심을 정확하게 짚어서 전달해야 하는데, 말하는 훈련이 부족한데다 알고 있는 지식마저 짧은 사람이라면 그것은 불가능하다. 또한 말 자체는 번드르르하게 잘하는데 알맹이가 없다면, 그러한 강연이나 연설을 듣고 감동받는 사람이 어디 있겠는가.

그리고 중요한 것이 또 한 가지 있는데, 그것은 메모다. 힐러리가 늘 가지고 다니는 수첩에는 격언이나 인용문 그리고 속담들이 빼곡히 적혀 있다고 한다. 그는 이 수첩을 가지고 다니면서 늘 활용한다. 그는 책을 읽거나 토론을 하면서, 심지어는 청중들과의 만남에서도 자신에게 양식이 되는 문장은 잊지 않고 메모를 한다. 그러한 습관이 몸에 배어 있는 것이다.

그리고 그것을 자기의 것으로 만들기 위해 읽고 또 읽어 마침내는 몽땅 외워버린다. 그가 많은 사람들을 설득하고 감동시킬 수 있는 것은 이와 같은 부단한 노력의 결과가 아니었을까……

Part 3

힐러리가 보여준
리더로서의 면모

HILLARY RODHAM CLINTON

12

겸손한 성품을 가진 힐러리

힐러리 클린턴이 토론이나 연설을 통해 대중에게 비친 모습은 힘이 있고, 논리정연하며, 단호하다 싶을 정도로 명쾌하고, 자신만만하다는 것이었다. 이처럼 강한 이미지가 지나치게 부각되다 보니, '오만하다, 거만하다'는 평과 함께 그에 대한 '비호감도'가 높았던 것도 사실이다.

하지만 그의 곁에서 내면을 들여다보면 그는 진지하지만 겸손하고, 강한 카리스마를 표출시키면서도 포용력이 있는 사람이란 것을 금방 알 수 있다.

2001년 1월 연방 상원 환경위원회 청문회가 열렸다. E.P.A(연방환경보호청) 장관으로 지명된 크리스티 위트만 뉴저지 주지사에 대한 인준 청문회가 막 시작되려던 차였다. 그때 아주 힘차고 당당하게 문을 열고 들어오는 한 여성이 있었다. 청문회에 참석했던 모든 이들의 시선이 집중됐다. 바로 힐러리 클린턴 상원의원이었다.

이날 퍼스트레이디가 아닌 상원의원으로서, 환경위원회 멤버로 첫 공식 업무를 시작했다. 그는 이때 쏟아지는 수많은 언론의 스포트라이트를 외면한 채 자신의 자리에 앉아 시종일관 크리스티 위트만의 답변을 진지한 표정으로 경청했다. 그리고 오고가는 대화 속에서도 선배 의원들에 대한 힐러리의 태도는 신참 상원의원답게 무척 진지하고 겸손했다.

그리고 잠시 후, 그의 겸손이 한결 돋보이는 순간이 찾아왔다. 대기 정화에 대한 조지 보이노비크 의원의 제안과 거기에 반대하는 힐러리의 발의가 나오자, 해리 라이드 위원장이 "이것을 '보이노비크 vs 힐러리'로 할 것입니까, 아니면 '힐러리 vs 보이노비크'로 할 것입니까?"라고 물었다. 이에 힐러리가 서슴없이 대답했다.

"당연히 선배의 이름, 조지 보이노비크 이름이 먼저 나와야 합니다."

그는 자신의 첫 정치무대에 '겸손'이라는 덕을 들고 나왔던 것이다. 그날 그는 '겸손'의 모습을 보임으로써 장래가 촉망되는 정치인의 이미지를 확실하게 각인시켰는데, 수많은 언론에서 쏟아 붓는 스포트라이트가 그 사실을 입증시켜 줬다.

퍼스트레이디에서 상원의원이 된 힐러리가 독불장군이 될 것이라는 예상을 깨고, 그는 모든 선배 의원들에게 깍듯했다. 클린턴 대통령 시절에 자신을 무차별적으로 비판했던 의원들에게도 한 사람 한 사람 직접 찾아가서 먼저 차를 마시자고 제의했으며, 심지어는 동료 남성 의원들에게 커피를 타서 갖다 주기도 했다. 8년 동안 대통령 영부인으로 살아온 사람으로서는 결코 쉬운 일이 아니었을 텐데 말이다.

분명 힐러리는 퍼스트레이디 시절 건강보험 개혁의 실패를 저질렀고, 르윈스키 스캔들이라는 엄청난 파장을 경험했다. 하지만 힐러리는 그러한 실패와 위기를 딛고 일어나, 오히려 자신을 변화시키는 계기로 만들었던 것이다.

사람들 중엔 분명 유능한 사람이 있다. 그러한 유능함 속에 부드러움과 겸손을 채울 수 있다면, 그 사람은 이미 더 큰 성공의 길로 나아갈 수 있는 발판이 마련되었다고 봐도 무방할 것이다.

성공한 사람들의 공통점 중 하나는, 그들은 결코 교만하지 않다는 것이다.

성공이란 항상 시간의 개념 속에 있는 것으로, 일시적으로는 성공할 수 있지만 지속적으로 성공하기란 쉬운 일이 아니다. 사람과 시간 앞에 겸손하지 않으면, 성공을 지속적으로 지켜 나가는 것이 불가능하다는 얘기다.

선거운동이 시작된 후, 커피가 담긴 종이컵을 들고 온화한 표정으로 시민들의 말을 경청하는 힐러리의 동영상이 자주 눈에 띄었다. 그는 버스를 타고 아이오와 주의 인적이 드문 시골길을 달려, 유권자가 있는 곳을 구석구석 찾아다녔다. 그리고 '따뜻한 서민 할머니 리더십'을 내세웠다. 전용기를 타고 다니며 호화 강연을 한다는 비난을 더 이상 받고 싶지 않았던 것이다.

뉴햄프셔 주에서 선거운동을 할 때는 미니밴을 타고 무려 1,600km를 달려가기도 했다. 주유소에 멈춰 주유를 하는 다른 손님들과 대화를 나누기도 하고, 작은 커피가게와 맥도날드 매장에서 무수한 시민들을 만나 많은 이야기를 들었다.

그는 언제나 밝고 따뜻한 미소를 띤 얼굴이었다. 그리고 그 웃음으로 만나는 사람들을 기쁘게 해주었다. 특히 상원의원시절 때부터 당파를 초월해 의원들과 폭넓은 교류를 했던 것처럼, 전국을 돌아다니며 유권자들을 만나 '듣는 유세Listening tour'를 펼침으로써 그의 따뜻하고 겸손한 모습들이 빛을 발하기 시작했다.

그는 낯선 이들의 거실을 되도록 조용히, 큰 소란 없이 방문하여 그들에게 걱정거리를 물었다. 마치 시의원 선거에 나서기라도 한 것처럼 소박하고 겸손한 모습으로 그들에게 다가갔는데, 그것이야말로 세계에서 가장 큰 권력을 가진 자리에 출마하는 사람이 취할 수 있는 가장 겸허한 방식이 아닐까 싶다.

2007년 1월 동영상 메시지를 통해 대선 출사표를 던졌을 당시에는 실내 소파에 자신만만한 표정으로 앉아 있는 모습이 다소 도도하게 비쳐졌다. 그러나 8년 후 2015년에는 평범한 중산층의 가정집으로 보이는 현관을 배경으로 선 채 겸손한 모습으로 국민에게 다가왔다. 어디를 가든지 그는 소박하고 따뜻한 이미지를 부각시켰으며, 서민의 대변자가 되겠다는 의지를 강조했다. 그리고 끊임없이 낮은 자세로 유권자들을 만났다. 도도하고 자신만만한 이미지에서 벗어나, 소박하고 겸손하며 게다가 마음까지 따뜻한 여성적인 이미지가 구축되어 갔다.

사람이란 그렇다. 외모보다, 능력보다, 재력보다 더 중요한 것은 그 사람의 인간성이다. 한마디로 겸손이다.

대부분의 사람들은 겸손한 사람을 좋아한다. 왜 그럴까? 그런 사람과 함께 있으면 마음이 편하기 때문이다. 신학자 웨슬리는 "모든 덕은 겸손에서 시작된다."고 말한 바 있는데, 겸손해야 사랑이 지속되고 행복해지기 때문이다.

우리는 살면서 '당신이라는 존재가 별로 유쾌하지 않네요.', '당신과 함께 있으니 불편하네요.' 라는 말만큼은 듣지 말아야 한다. 그런데 그 말이 무슨 말인지 모르는 사람들이 가끔 있는데, 정말이지 살아가면서 갖지 말아야 하는 마음은 교만과 거만이다. 교만은 결국엔 자신을 패망의 길로 이끌고, 망하게 하는 지름길이 되기 때문이다.

어떤 방송인 앵커가 자신이 제일 싫어하는 단어가 '겸손' 이라고 말하면서, "겸손은 자신감 부족의 다른 말."이라고 했다는 기사를 본 적이 있다.

하지만 아니다. 그건 틀린 말이다. 자신감 부족은 대인관계에서 무엇을 두려워하여 어떤 일을 제대로 못하는 상태를 말한다. 한마디로 결여다. 자신감 부족은 겸손이 아니다.

겸손이란 지극히 당연한 것을 지극히 당연하게 하는 것이다. 지위 고하를 막론하고 모든 사람을 진정한 인격체로 대하는 것이 겸손이다. 그래서 겸손은 완장을 제거할 수 있는 힘이 있다고 하지 않는가.

헌 옷걸이가 새로 갓 들어온 옷걸이에게 한마디 했다.

"너는 단지 옷걸이일 뿐이라는 사실을 잊지 마라."

잠깐씩 입혀지는 옷을 자기의 신분인 양 우쭐대거나 교만하게 굴지 말라는 것이다.

높이 나는 새가 멀리 본다. 공자도 "태산에 오른 후에야 천하가 작은 줄을 비로소 알았다."고 말했다.

높은 위치는 분명 넓은 안목과 탁 트인 시야를 확보해 주는 측면이 있다. 거기에 겸손까지 더해진다면 더 이상 바랄 것이 없을 것이다. 하지만 내 지혜, 내 능력, 내 노력만으로 할 수 있는 것은 아무것도 없다. 상대방의 도움을 받기 위해서 우리는 늘 겸손한 마음으로 다가가야 하는 것이다.

겸손한 사람이라야 성장할 수 있다. 잠시 잠깐은 누구든 높은 위치에 오를 수 있다. 하지만 지속성이 있느냐 아니냐에 따라 그 격차는 하늘과 땅의 차이만큼 커질 수 있는 것이다.

1856년 아브라함 링컨은 공화당 부통령 후보 선거에서 패배했다. 하지만 그런 그가 대통령 후보로 공천 받게 되는 일대 이변이 일어났다. 부통령 후보로도 낙선한 그가 대통령 후보로 공천 받게 된 결정적인 이유는 모든 선거와 행동에서 보여준 그의 겸손한 인격 때문이었다.

그렇다! 정치인에게 있어서의 겸손은 다가올 미래의 시대정신이다.

정치인들의 리더십을 이야기할 때 가장 먼저 보아야 할 것은 무조건 그 사람의 겸손이다. 정치인들 중에는 남을 짓밟고서 자신을 높이려고 하는 행동을 보이는 사람들이 없지 않다. 정말 바보 같은 짓이다. 하지만 힐러리는 분명 그런 류의 정치인이 아니다. 오히려 겸손한 면에서는 남자들보다 훨씬 더 앞선 여인이다.

힐러리에게 아버지 휴 로댐의 가르침은 삶의 지표가 되었다고 한다. 비록 그의 아버지가 남성우월주의자이긴 했지만 '늘 겸손하라.'는 말을 빼놓지 않았다고 한다.

페이스북의 최고 운영 책임자인 셰릴 샌드버그와 테슬라 전기자동차 창업주 엘론 머스크 그리고 할리우드의 거장 영화감독 스티븐 스필버그뿐만 아니라 세계적인 투자가 워렌 버핏, 스타벅스의 CEO 하워드 슐츠가 힐러리를 공개 지지하면서 이구동성으로 한 말이 있다.

그를 좋아하는 이유 중 하나가 바로 '그는 절대로 남을 짓밟거나 비방하면서 자신을 높이려 하지 않는다.'는 것이었다. 교만한 사람이 아니라는 것이다. 그들 모두는 '오만한 사람은 시간이 지나면 반드시 그 대가를 치르게 된다.'는 교훈을 수많은 실패의 사례에서 뼈저리게 깨달았던 사람들이다.

그의 주변을 보면 분명 다른 점이 있다. 그것은 그를 지지하지 않는 사람들 중에서도 그가 연설이나 토크 쇼 혹은 강연에서 절대로 상대방을 헐뜯지 않는 모범을 보이는 것에 대해 높이 평가하는 이들이 적지 않다. 그는 결코 남을 비방해서 자신을 높이려고 하지 않는다. 자신을 더 높이거나 내세우며 자랑하는 다른 후보와는 달리 힐러리의 마음속에는 겸손의 리더십이 자리하고 있는 것이다.

무엇을 하든지 상대방의 의견을 존중해 주며 열심히 경청하는 그의 자세를 보면 우리가 생각했던 것보다 그가 훨씬 더 겸손한 사람임을 알 수 있다.

겸손은 살아가면서 가장 중요한 덕목이요 시대와 종교를 초월하는 가치이다. 그리고 삶에서 가장 성실한 태도이다.

이러한 겸손은 서로를 이어주는 능력을 지니고 있다. '네가 낮춤을 받거든 높아지리라.'는 말이 있다. 겸손한 자는 결국 높아지게 된다는 뜻이다.

겸손한 사람에게서는 삶의 향기가 뿜어져 나온다. 그것은 자기 자신은 맡지 못하지만 상대방은 아주 쉽게 맡을 수 있는 마법의 향기인 것이다.

대부분의 경우, 자기 자신에게 조금만 무관심하면 '겸손'은 온데 간데없이 사라지고 '교만'이라는 잡초만 무성하게 자라버리게 된다. 겸손은 그만큼 피기 어려운 꽃이다. 하지만 우리는 의식적으로라도 가꾸어서 '겸손'이란 꽃을 피워야 한다.

겸손하게 사는 사람은 인생을 참으로 잘 사는 사람이다. 한마디로 멋있다.

그렇다! 힐러리는 자신 있고 당당하게 세상을 살아가면서도 따뜻한 마음을 잃지 않는 엄마 같은 여성이다. 그는 무엇을 하든지 상대방의 의견을 최대한 존중해 주며 열심히 경청하는 자세를 지니고 있다.

그에게 이러한 겸손이 있었기에, 품위 있는 대선 패배 연설로 반대파로부터도 격찬을 받을 수 있었던 것이 아닐까.

13

따뜻한 카리스마를 지닌 힐러리

조지 부시 대통령 시절 국방부 장관을 지냈던 로버트 게이츠는 그의 회고록 ≪임무Duty≫에서 이런 말을 했었다.

"사실 나는 언론을 통해서만 힐러리를 알고 있었다. 하지만 내가 그와 함께 일해 본 후 잘못 알고 있었다는 것을 많이 깨닫게 되었다. 그는 이상을 지녔으면서도 현실적이었으며 실용주의자였다. 또한 터프하면서도 부드러웠으며 따뜻한 카리스마의 소유자였다. 그는 어디를 가든지 분명 미국을 대표할 만한 인물이었다."

참고로 그는 골수 공화당원이다.

'카리스마'란 무엇인가? 카리스마란 대중의 마음을 사로잡아 따르게 하는 능력이나 자질이다. 좀 더 깊이 들어가면 신神으로부터 부여받았다고 할 수 있을 만큼 강력하고 출중한 대중 흡인력이다.

그렇다면 '따뜻한 카리스마'는 무엇일까? 상대방을 끌어당길 때 권력이나 힘 혹은 무력으로 당기지 않고, 부드러움으로 자연스레 따라오게 하는 것을 말한다. 그러므로 따뜻한 카리스마를 가진 사람은 자기주장을 목소리 높여 얘기하지 않는다. 무엇을 강하게 지시하거나 명령하지도 않는다. 하지만 시간이 지나고 나서 보면 그 사람이 원하는 대로 모든 것이 이루어져 있음을 발견하게 된다. 결국 따뜻한 카리스마는 명확한 미래의 비전을 갖고 있으면서, 상황 판단이 정확해야만 유지 가능한 힘이라고 할 수 있을 것이다.

그런 의미에서 본다면, 자신을 이끌어줄 뿐만 아니라 믿고 따를 만하여 일종의 이끌림 현상을 주는 사람을 가리켜 따뜻한 카리스마를 가졌다고 말할 것이 분명하다. 바로 힐러리 같은 사람이다. 사람들에게 영향력을 행사하면서도 따뜻하게 느껴지는 사람, 그래서 그를 믿고 따르는 사람들이 주위에 구름 떼처럼 모여드는 사람 말이다.

힐러리에게는 학창 시절부터 따뜻한 카리스마가 있었다. 힐러리는 자연스럽게 따뜻한 카리스마를 발휘했기 때문에 어느 정도의 시간이 지나면 대부분의 사람들이 힐러리를 따라가게 될 정도였다고 한다.

빌 클린턴도 자신의 아내를 두고 "힐러리만큼 완벽하고 따뜻한 카리스마가 넘치는 여성은 보지 못했다."고 그의 자서전에서 여러 번 고백한 바 있다.

1993년에 빌 클린턴이 대통령에 출마했을 때도 힐러리의 유능함과 따뜻한 카리스마를 강조하면서, 자신에게 투표하면 '원 플러스 원'이 될 것이라는 슬로건을 내걸기도 했었다.

소위 성공한 삶을 살았다고 일컬어지는 사람들 중에는 따뜻한 카리스마를 가진 사람들이 많이 있다. 그들 대부분은 자신을 잘 표현할 뿐 아니라 다른 사람과 공감하는 능력이 탁월한 편이다. 활발하게 얘기하는 밝은 분위기와 건강하고 생산적인 기가 흘러서인지 그들 주변에는 많은 사람들이 모여드는 공통점도 있다.

사람을 만나다 보면 이상하게도 끌리는 사람이 있다. 이성적으로 끌리는 것은 차치하고서 동성同性인데도 끌리는 사람들은 대부분 따뜻한 매력을 지니고 있는 사람들이라고 해도 과언이 아니다.

그렇다면 따뜻한 카리스마는 선천적으로 타고 나는 것인가? 아니다. 후천적으로 만들어지는 것이다. 물론 선천적으로 타고 나는 사람도 있겠지만 대부분은 자신의 노력과 훈련으로 만들어지는 것이다.

그렇다면 따뜻한 카리스마를 지닐 수 있는 후천적인 방법은 무엇일까?

1) 절대로 교만해서는 안 된다. 교만한 사람에게서는 따뜻한 카리스마를 느낄 수 없다.
2) 자신감을 가지고 자신에 대해 긍정적인 이미지를 가져야 한다. 그리고 그것을 상대방에게 보여줄 수 있어야 한다.
3) 매력 있는 태도와 언변을 갖춰야 한다. 흡입력 있는 언변이야말로

상대방을 끌어들일 수 있는 능력이다.

4) 상대방을 설득할 수 있는 능력을 키워야 한다. 알맹이 없이 말만 잘하는 것은 능력이 아니다.

5) 상대방의 의견에 경청하며 공감해 주는 능력을 길러야 한다. 그래 야만 신뢰를 줄 수 있다.

6) 커뮤니케이션에 강해질 수 있는 스킬을 키워야 한다. 그래야만 싸 우지 않고서도 이길 수 있다.

이 역시 노력해야 한다. 노력하면 가능하다.

따뜻함은 자신감의 표현이며, 따뜻한 사람에게서는 상대를 끌어 당기는 능력이 나타난다.

힐러리는 이처럼 부드럽고 따뜻한 것들을 완벽하게 갖춘 여성이 다. 이미지 컨설턴트의 도움을 받으면서까지 자신의 분위기를 친화 적이고 고상하게 만들 줄 아는 여성이다. 독립적이지만 무조건 자신 의 의견만을 고집하지 않는 포용력, 부드럽지만 강인함이 느껴지는 언변 등……. 그래서 그를 믿고 따르는 사람들이 그의 주변으로 적 지 않게 모여드는 것이다.

분명 냉철한 이미지가 강하지만, 리더로서 부드럽고 따뜻한 카리 스마의 기본 덕목을 갖췄기에 단지 퍼스트레이디에 머물지 않고 세 계가 주목하는 정치가가 될 수 있었던 것은 아닐는지.

분명 힐러리는 여성 특유의 온화함과 부드러움, 또한 여성의 강인함으로 아랫사람을 포용하는 리더이다. 그러면서도 그는 늘 침착함을 유지하면서 지적이고 성숙한 파트너십을 발휘한다.

그는 공적인 자리에서는 분명한 신뢰와 원칙을 고수하지만 사적인 만남의 자리에서는 스스럼없이 따뜻하게 배려하는, 그 누구보다도 따뜻한 카리스마의 소유자이다. 직접 그를 만나본 수많은 사람들의 고백이다. 그 어떤 여성 정치인들보다도 감성적이고 따뜻한 리더십을 소유한 사람이라고 말이다.

이처럼 꿈을 향한 불굴의 의지와 열정으로 가득 찬 힐러리의 삶은 많은 여성들의 생각을 변화시켰을 것이 분명하다. 그는 어떤 정치인보다도 차별받는 여성들을 위해 일해 온 슈퍼리더이기 때문이다.

그렇다! 우리도 힐러리처럼, 자신이 노력해서 바꿀 수 있는 것들은 과감하게 바꿔가면서 자신의 목표를 향해 끊임없이 나아가야 하겠다.

14

냉철하고 지혜로운 힐러리

힐러리는 포기를 모르는 열정과 대범함을 갖췄을 뿐만 아니라 자신감이 넘치는 사람이다. 거기에다 고상함과 용기, 책임감과 성실함이 어우러진 똑 소리 나는 여성 정치인이다. 하지만 위기와 수많은 혼돈 속에 놓인 그를 지켜주었던 것은 그의 똑똑함과 지식이 아니라 현실 감각을 잃지 않는 냉철함과 지혜로움이었다.

사람들이 지식이 많거나 외모가 아름다운 여자보다도 지혜로운 여자를 선호하는 것도 지혜로운 사람이 최선의 가치를 훨씬 더 잘 만들어 나가기 때문이다.

힐러리의 남편 클린턴이 아칸소 주지사 재선에 실패했을 때이다. 그 실패에는 여러 가지 요인들이 작용했지만, 부인인 힐러리가 남편의 성姓을 따르지 않았다는 것도 패인 중 하나였다고 한다. 결혼하면 남편 성을 따르는 미국인의 일반적인 관례를 좇지 않았다는 것이 그 이유다.

대부분의 미국인들은 결혼을 하게 되면 남편의 성을 따른다. 하지만 자신의 어떠한 목적을 이루기 위해, 아니면 또 다른 여러 가지 이득을 위해 결혼을 하고서도 남편의 성을 따르지 않는 사람들은 의외로 적지 않다.

힐러리도 바로 그런 케이스였다. 자신의 강한 개성을 버리지 않겠다는 것이었다. 하지만 보수적인 남부지방의 아칸소 주민들이 그 일을 그렇게까지 싫어하는지를 당시에는 알지 못했다고 한다.

지역 여론이 계속 좋지 않았지만, 남편 클린턴 또한 사람의 이름은 아무리 가까운 사람이라도 관여할 수 없는 부분이라며 더 이상 그것에 대해 언급하지 않았기 때문이기도 했다.

하지만 주지사 선거는 계속해서 불리한 방향으로 흘러가고 있었다. 여론 조사에서도 확실히 밀렸다. 심지어 힐러리가 남편의 성을 따르지 않는 것은 남편을 사랑하지 않기 때문이라는 비난까지 일기 시작했다.

하지만 누구보다도 냉철하고 지혜로운 힐러리는 자신의 성 때문에 더 이상 유권자들과 벽을 만들어서는 안 된다고 생각했다. 그리하여 남편의 주지사 출마를 앞두고 드디어 남편의 '클린턴'이란 성을 택하기로 결정했다. 약한 명분 때문에 실리를 잃지 않으려고 중대한 정치적 선택을 한 것이다.

그리고 그는 얼마 지나지 않아 그 효과를 눈으로 확인했다. 2년 뒤 주지사 선거에서 깨끗하게 성공했으니까 말이다.

힐러리가 이처럼 자신이 어떤 선택을 해야 하는지를 알아차렸던 것은, 그가 기회주의자가 아니라 냉철하고 지혜로운 여자였기 때문이다.

힐러리는 변신의 귀재다. 정치적으로 필요하다고 생각하면 모든 것을 바꿀 자세가 되어 있는 철저히 준비된 여자다.

필요한 경우에는 자신의 외모와 스타일을 바꾸기도 했는데, 남편이 주지사 선거에 나섰을 때는 자신의 안경까지 벗어버렸다. 부드러운 인상을 주기 위해서였다. 남편의 당선을 위해서라면 자신의 강한 개성 따위는 과감히 버릴 수 있었던 것이다.

힐러리가 겪는 모든 사건들은 대부분 대중들에게 낱낱이 공개된다. 남편 빌 클린턴이 성 추문에 휩싸였을 때도 마찬가지였다. 하지만 그는 남편을 과감히 감싸 안았다. 그는 그 사건으로 인해 감정적 분노와 정치적 혼돈 속에서 감당할 수 없을 정도로 상처를 받았지만 남편 곁을 꿋꿋이 지켜냈다.

그러한 과정을 거치는 동안 힐러리는 믿었던 남자의 배신을 원망하거나 증오한 것이 아니라, 어느새 자신이 사랑하는 사람을 현명하게 이끌어주는 슬기로운 여자로 변신했다.

많은 사람들은 힐러리가 클린턴을 버릴 것이라고 예상했었다. 하지만 힐러리는 끝까지 남편 곁을 지킴으로써 사람들의 놀라움을 자아냈고, 과거 자신을 냉정하게 바라보던 대중들의 마음까지 사로잡았다. 그리하여 남편뿐만 아니라 그를 경원시하던 대중들까지도 자신의 편이 되게 하는 결과를 만들어냈다.

르윈스키 스캔들과 정적政敵들의 권모술수를 이겨낸 과정을 봐도, 그가 위기 극복 능력에 못지않게 얼마나 지혜로운 사람인가를 알 수 있다. 이상에만 매달려 눈앞의 현실을 보지 못한다면 실패할 수밖에 없다는 것을 그는 그간 터득한 지혜로 너무나 잘 알고 있었던 것이다.

힐러리는 샌더스와의 민주당 경선 도중 가장 살벌했던 뉴욕 경선 디베이트를 빼고는 단 한 번도 샌더스를 폄하하거나 비판한 적이 없다. 그런데 미시간 주 '러스트 벨트(Rust Belt, 미국의 대표적 공업지대로 번창했다가 제조업 쇠퇴로 몰락한 지역)' 경선에서 샌더스가 힐러리의 면전에 대놓고 무역협정에 대해 신랄하게 비판을 해댄 것이다. 그 결과 샌더스는 두 자리 숫자로 한참이나 밀리던 여론을 역전시켜, 미시간에서 승리하는 이변을 일으켰다. 매우 중요한 격전지에서 역전패를 당한 힐러리의 입장에서는 그야말로 통탄할 노릇이었다.

그날 토론이나 연설을 듣고 있는 힐러리 캠프로서도 한 번쯤은 샌더스에게 독설을 퍼부어주었으면 하는 상황들이 여러 번 있었다. 하지만 그는 끝까지 샌더스에 대한 인신공격만큼은 자제했다. 오히려 함께한 시간들이 유익한 시간들이었다며 샌더스를 치켜세워 주었다. 감정보다 이성이 강한 여성이라는 것이 증명되었다. 자칫 샌더스 지지자들의 표가 분열되어 공화당으로 가는 것을 막겠다는 것으로, 샌더스 돌풍이 불러일으킨 헌신성까지도 최대한 흡수해야 한다고 생각한 것이 분명해 보였다. 그리고 참모들에게도 특별 지시를 했다. 절대로 샌더스 지지자들에게 감정적으로 대하지 말고 모두가 침착하게 대응하라고 말이다.

그러나 샌더스의 열풍은 생각보다 훨씬 더 거셌다. 샌더스의 정책들은 오랜 기간 경기 침체를 견뎌온 미국인들의 소외감과 정치에 대한 분노의 표출로, 유토피아를 꿈꾸는 사람들의 열망을 대변하는 일종의 신드롬이었다. 더군다나 그가 제시한 유토피아 건설에 대한 꿈은 조금도 이상할 것이 없는 것이었다. 가난하고 소외되고 정치에 분노했던 수많은 계층들이 그를 통해 무한한 카타르시스를 느끼고 있었기 때문이다.

경선 내내 현실 정치보다도 비전을 향해 서 있었던 샌더스. 그 샌더스 덕택에 오히려 자신이 스포트라이트를 받고 있다는 것까지도 힐러리는 알고 있었다. 그렇기에 그는 모든 가능성을 열어놓고 지혜로운 방법들을 선택하기 시작했다.

민주당 경선 8곳, 매직넘버 169를 남겨놓고 있을 때였다. 힐러리에 비해 샌더스가 얻어야 할 대의원 수는 973명으로, 앞으로의 경선에서 90%가량의 지지율을 얻어야만 자력으로 대선후보에 나갈 수 있는 상태였다. 하지만 힐러리는 〈CNN〉과의 인터뷰에서 이렇게 말했다.

"경선이 아직 남아 있고, 샌더스 의원과 그의 선택을 존중합니다.
나는 아직 '잠정 대선후보'라는 말을 쓰지 않을 것입니다."

힐러리 지지자들에게는 속 터지는 일이었지만, 이런 말 하나하나
도 지혜로움에서 나온 것이었다.

결국 샌더스가 힐러리를 지지하기에 이르렀는데, 힐러리가 민주
당 경선에 뛰어든 지 441일 만의 일이었다. 그것도 양쪽 다 마음의
상처 하나도 없이 말이다.

결국 지난 7월 뉴햄프셔 주에서 힐러리와의 첫 합동 유세를 시작
한 샌더스는 힐러리의 민주당 경선 승리를 마음껏 축하해 주었던 것
이다.

힐러리가 대학을 다니던 1960년대는 베트남 전쟁으로 인해 미국
사회가 아주 혼란스러웠으며 정치 신념에 따라 행동하던 암울한 시
대였다. 설상가상으로 마침 그때 마틴 루터 킹 목사가 암살을 당하
는 일이 발생했다. 힐러리의 입장에서는 자신의 멘토이자 영웅이 사
라진 것이다.

수많은 사람들이 마틴 루터 킹 목사의 애도 행진에 참여하며 반전
운동과 함께 저항과 데모의 물결이 거세졌다. 전국적으로 폭력이 난
무하며 수많은 사상자가 발생했고, 대학생들과 젊은이들이 참가한
시위에도 폭력이 동원되었다.

주위에서 힐러리에게도 폭력시위 데모에 동참하자고 했으나, 그

는 고개를 저었다. 물론 그도 반전 시위에 참여하고 싶었지만, 폭력으로 해결하기보다는 제도 안에서 개혁해야 한다는 생각을 가지고 있었던 것이다.

힐러리는 자신의 목적을 이루기 위해서 폭력적인 방법을 동원하는 것에는 동의하지 않았다. 오히려 킹 목사의 암살 시기에 맞춰 흑인 교수와 흑인 학생들을 더 뽑아달라는 요구를 학교 측에 하면서, 만약 이 요구를 묵살하게 될 경우에는 학생들이 단식투쟁을 할 것이며 교문을 폐쇄해버리겠다고 위협(?)하고 나섰다.

당시 학생회장이던 힐러리는 자신의 입지를 내세우기보다 자신의 지혜와 또 다른 학생들의 지혜를 끌어 모으기 시작했다. 돌멩이를 던지며 폭력시위를 하기보다는 지혜롭게 다가가는 불복종운동과 비폭력운동이 훨씬 더 낫다고 생각했던 것이다.

그리고 마침내 학교 측으로부터 흑인 교수 채용과 흑인 학생들의 입학을 늘리겠다는 합의를 끌어냈는데, 분노만 남게 되는 폭력시위를 통해서는 어떠한 변화도 가져올 수 없다는 것을 그는 일찍부터 알고 있었던 것이 아닌가 싶다.

그리고 보면 그는 젊은 시절부터 이미 야망이라는 자기실현과 타협이라는 양립하기 어려울 것 같은 대주제를 조율할 줄 아는, 대단히 지혜로운 여자였던 것이다.

냉철한 여자 힐러리는 현실을 올바르게 직시하며 미래를 대비해 나가는 능력도 매우 뛰어나다. 남편의 섹스 스캔들 사건 때도 그러한 점을 잘 보여줬다. 보통사람으로서는 감당할 수 없는 위기와 고통을 자신의 올바른 판단력으로 멋지게 이겨냈고, 남편을 끝까지 지켜냈다. 한마디로 당찬 여자이면서 지혜로운 여자였던 것이다.

결국 이 사건은 그가 상원으로 진출하는 교두보가 되어 주었고, 대통령 부인으로서 몸으로 부딪혀 가며 배웠던 정치적 경험을 마음껏 펼칠 기회가 되어 주었다.

아울러 드라마틱한 인생의 여정을 가능하게 했던 그 힘, 때로는 강경하고 때로는 저돌적이며 때로는 타협과 배려로 맞서 나가는 그 지혜들은 '힐러리의 파워' 그 자체가 되기에 이르렀다.

그렇다! 우리가 인생을 살아가는 데 필요한 것은 한계가 있는 지식이 아니라 무한한 지혜다. 그렇기에 일을 추진해 가는 힘과 열정 이외에도 경험을 통해 터득한 지혜를 최대한 끌어올리는 냉철함을 갖춰야 한다. 힐러리가 그랬던 것처럼 말이다.

15

분노를 조절할 줄 아는 힐러리

2014년 11월, 힐러리 전 국무장관이 수천 명이 모인 라스베이거스에서 재생 에너지와 관련된 연설을 하고 있었다. 그런데 그때 갑자기 서류뭉치와 신발 한 짝이 힐러리의 얼굴을 향해 날아왔다. 한 백인 여성이 경호망을 뚫고 순식간에 벌인 테러였다. 그 서류뭉치와 신발은 무대 위 힐러리의 머리 부근까지 날아갔으나 다행히 맞지는 않았다.

힐러리는 예기치 못했던 갑작스런 상황에 손을 웅크려 턱 아래까지 가져가며 깜짝 놀라는 듯했지만 이내 여유를 찾았다. 그의 얼굴에서는 조금도 화가 난 기색을 찾아볼 수가 없었다. 오히려 침착한 표정으로 이렇게 말을 이어갔다.

"방금 지나간 게 뭐였죠? 박쥐였나요? 방금 누가 저한테 뭘 던진

거 맞나요? 설마 '태양의 서커스' 공연의 일부는 아니겠죠? 내가 연설하던 주제, 고체 에너지 관리, 제대로 된 재활용 정책을 마련해야 한다는 주제가 이 정도로 뜨거운 논쟁이 되는 이슈인지 몰랐습니다. 신발을 던진 이가 나처럼 소프트볼 선수 출신이 아니라서 다행이네요. 하지만 이런 행동은 민주주의 방식이 아닙니다. 민주주의는 자신의 믿음을 테이블에서 해결하는 것입니다."

그리고 그는 웃으면서 연설을 계속해 나갔다. 오히려 청중들이 잠시 놀랐다가 힐러리의 조크와 행동에 박장대소하면서 기립박수를 보냈다.

그의 위트 있는 유머와 대응은 너무나 자연스러웠고 내공 깊은 리더다웠다. 분명 순간적으로 화를 내거나 당황할 수도 있는 상황이었지만, 힐러리는 순간의 분노까지도 기가 막히게 조절할 줄 아는 능력자의 모습을 보였던 것이다.

2015년 10월, 빌 드블라지오 뉴욕 시장이 〈MSNBC〉방송을 통해 마침내 민주당 대선주자 힐러리를 지지한다는 뜻을 밝혔다. 그러나 같은 민주당 소속인데도 몇 달을 머뭇거리다가 나온 공식 지지 발표여서 '늑장 선언'이라는 비판이 거셌다. 힐러리가 대선 출마 선언을 하고 나서 약 6개월이나 지났으니, 뒷맛 또한 개운치 않게 여겨질 법한 상황이었다.

드블라지오 시장은 2000년에 힐러리 클린턴 전 장관의 뉴욕 주 상원의원 선거 때 캠프 참모로 활동했으며, 빌 클린턴 행정부에서는 주택도시개발부 지역 국장으로 발탁되어 중앙 정치무대에 얼굴을 알리기 시작했다. 뿐만 아니라 그가 2년 전 뉴욕 시장 선거에서 예상을 깨고 승리를 거머쥔 데는 클린턴 부부의 아낌없는 후원이 있었다. 힐러리는 기금 모금행사를 통해 100만 달러를 모아줬고, 여전히 대중에게 높은 인기를 구가하는 빌 클린턴도 드블라지오를 강력 지원했다.

그가 2014년 1월에 뉴욕 시장으로 취임할 때 클린턴 부부가 취임식장에 직접 참석했던 것도 이처럼 한배를 탔던 사이였기 때문이었다. 그렇기에 조금의 머뭇거림도 없이 곧바로 힐러리 지지를 선언하는 것이 자연스럽게 보이는 관계였다. 하지만 힐러리가 2015년 4월에 대선 출마를 선언했는데도 드블라지오 시장은 선뜻 나서서 지지하지 않았고, 두 달 후 뉴욕에서 첫 대중연설을 할 때에는 아예 참석조차 하지 않았다.

그런 상황이었기에 그가 힐러리의 지지를 선언했는데도 힐러리 후보 캠페인 측은 냉랭한 반응을 보였다. 심지어 분노까지 하는 참모들도 있었다. 너무 늦게, 그리고 너무 간을 많이 보고 나서야 돌아왔다는 것이었다.

이때 힐러리는 공식 입장을 밝히진 않았지만 '우리 선거 캠페인이 계속 동력을 받고 있다는 신호'라면서 섭섭함을 더 이상 표출하지 않으려고 애를 썼다.

사실 힐러리의 입장에서는 다른 슈퍼대의원들의 지지를 빨리 선거판으로 끌어들이려면 겉으로는 화를 표출해도 무방했다. 아무리 정치가 생물이고 공학이라고는 하지만 힐러리로서는 매우 서운하고 화가 날 수밖에 없는 상황이었기 때문이다. 하지만 그는 분노하지도 않았고, 맞서지도 않았다.

이처럼 힐러리는 웬만하면 화를 잘 내지 않는다. 마지막까지 자신의 감정을 조절할 줄 아는 사람이다. 화가 날 때마다 자기가 하고 싶은 말을 생각 없이 퍼부어대는 여느 후보와는 다른 인격을 소유한, 안으로 삭힐 줄 아는 리더인 것이 분명하다. 한마디로 지도자의 기본 덕목을 갖췄다고 말할 수 있다.

그렇다고 힐러리가 화를 전혀 내지 않는 완벽한 사람이란 말은 아니다. 그도 화를 낼 줄 안다. 다만 분노를 조절하고 다스리는 능력이 탁월하다는 뜻이다. 사실, 그가 크게 화를 낸 사건도 있었다.

2015년 9월 21일 힐러리는 자신의 트위터에 "특정 질병을 치료하는 약값으로 폭리를 취하는 것은 참을 수 없는 일"이라며 의약품 시장의 '바가지요금price gouging'에 대한 대응 계획을 발표하겠다고 밝혔다. 제약사들의 가격 횡포가 도를 넘자 힐러리가 단단히 화가 났던 것이다. 힐러리를 특히 분노케 한 것은, 전염병을 치료하는 약인 항생제 '다라프림'의 가격이 하루 만에 13.50달러(약 1만6000원)에서 750달러(약 88만4000원)로 50배 이상 뛰어올라 제약회사가 엄청난 폭리를 취했다는 사실이다. 이 약의 생산원가는 1달러에 불과하다고 한다.

〈뉴욕타임스〉 등의 언론에서 힐러리가 몹시 화를 낸 상황과 함께

'의약품 시장에서의 이런 바가지는 그를 충분히 격분하게 할 만한 희대의 사건'이라고 보도함으로써 제약사와 헬스케어 관련주가 4.7% 급락해버렸으며, 결국 제약사 튜링의 마틴 슈크레리 사장은 금융사기 혐의로 체포되었다.

힐러리도 화를 낼 줄 안다. 옳지 않은 일을 보고서도 가만히 있다면 그것이 이상하지 않겠는가. 특히 올바른 생각을 가진 정치인이라면 이렇게 말도 되지 않은 상황을 보고 어떻게 화를 내지 않을 수 있겠는가. 하지만 힐러리는 분노를 조절할 줄 아는 사람이라는 말이다.

'막말의 달인'으로 유명한 도널드 트럼프가 미국 공화당의 대선주자였을 때 민주당 후보인 힐러리 클린턴을 향해 '성적 비속어'를 퍼부어 논란의 중심에 선 적이 있었다. 트럼프는 미국 미시간 주 서남부의 그랜드 래피즈에서 유세를 할 때, 2008년 민주당 대선후보 경선에서 힐러리가 버락 오바마 후보에게 패배한 일을 언급하며 "클린턴이 이길 판이었는데, 오바마에 의해 X됐다(got schlonged). 클린턴은 졌다."라고 말했다. 슐롱schlong은 남성의 생식기를 의미하는 속어이다.

트럼프 후보가 성적 비속어를 사용하여 힐러리 후보를 공격한 것은 도가 지나친 비정상적인 행동이라며 엄청난 비난이 쏟아져 나왔다. 그것도 공개석상에서, 그리고 여성 후보를 상대로 금기시된 성적 비속어까지 노골적으로 사용했다는 점에서 여성 비하 논란이 거세게 일어났다.

이에 대해 힐러리는 아예 대꾸할 가치조차도 없는 막말이라고 일축했다. 하지만 클린턴 선거 캠프 공보책임자 제니퍼 팔미에리가 "이런 모멸적degrading 언사는 여성 모두에게 가하는 치욕"이라며 신랄하게 비판하고 나섰다. 그러나 힐러리는 끝까지 차분했다.

이어 트럼프는 힐러리를 "미국의 역사상 최악의 국무장관이었으며 아주 형편없이 무능한 여자Incompetent Hillary"라고 혹평했다. 심지어는 '얼간이goofy' 라든가 '추잡한nasty 여자' 라는 표현까지 서슴지 않았다. 그뿐 아니었다.

트럼프는 힐러리를 향해 남편 빌 클린턴 전 대통령 성추문의 '조력자' 라며 아주 비상식적인 말로 비난했다. 힐러리에게는 매우 모욕적인 말이었지만 끝까지 그는 특별한 반응을 내놓지 않았다. 대꾸하지 않겠다고 잘라버렸다.

그러자 급기야는 힐러리의 외모를 두고 막말을 퍼부었다. "힐러리의 저 얼굴이 대통령처럼 생긴 얼굴이냐?"며 어린아이들도 하지 않는 유치하기 짝이 없는 말로 외모에 대해 조롱을 해댔다. 그뿐 아니라 〈Fox뉴스〉와의 인터뷰에서는 "힐러리는 이미 스태미나와 에너지가 없는 형편없는 정치인"이라며 감춰둔 거센 발톱까지 드러냈다.

결국엔 힐러리의 남편인 빌 클린턴이 격하게 분노하며 "근거도 없이 낙인만 찍어대는 아주 미친 사이코"라고 직격탄을 날리기에 이르렀다.

하지만 정작 본인인 힐러리는 자신을 조롱하고 비웃는 트럼프의 무례한 공격을 받고도 끝까지 불쾌한 감정이나 화를 표출하지 않았다. 오히려 남편인 빌 클린턴이 더 분노해서 함께 맞섰을 뿐이다.

사실 어떻게 보면 힐러리와 그의 참모들 입장에서는 짜증날 수도 있는 일이다. 지금까지 정치인으로서 열심히 커리어를 쌓아와 준비된 대통령으로서의 마지막 담금질을 하고 있는 상황에서, 정치의 경험이라고는 기초단체 의원도 한번 해보지 못했던 트럼프가 나타나 사사건건 막말을 퍼부어대니 얼마나 화가 나겠는가.

물론 장외에서 설전을 주고받으며 날선 신경전을 벌이기는 했지만 대선 막바지까지도 힐러리는 트럼프의 막말에 일일이 대응하거나 인신공격을 하지 않았다. 오직 정책에 대해서만 공격을 퍼부었다. 정책 위주로 싸우겠다는 것이었다.

〈CNN〉과의 인터뷰에서 그는 이렇게 밝혔다.

> "나는 트럼프에 대항해서 싸우고 싶지 않고 조국에 대한 나의 비전에 기초해서 구체적인 계획을 가지고 긍정적인 비전을 향해 뛸 것입니다. 나는 그가 어떠한 선거운동을 하든지 그냥 내버려둘 것입니다."

이미 힐러리는 남편의 탄핵 때 반대표를 던진 사람들에게도, 하루 아침에 오바마 쪽으로 기수를 돌려버린 사람들에게도, 수많은 정적들에게도 부드럽게 협력해 나갈 만큼 따뜻하고 노련한 정치인이 되어 있었던 것이다. 아무리 화가 나는 일이 있어도 안으로 눌러 삼키는 리더로서의 기본 덕목을 갖춘 지도자의 모습을 완벽하게 보였다고나 할까……

그는 때로 얼음과 불처럼 서로 상충되기도 하지만 좀처럼 화를 표출해 내지 않는 스타일이다. 강인함을 표현하면서도 따뜻함을 잃지 않는 여인, 자기주장을 펼치되 웬만해서는 쉽게 화를 내지 않는 모습을 시종일관 보여주었다. 그것은 쉽게 화를 내며 자신의 감정을 다스리지 못하는 여느 정치인들과는 확연히 다른 모습이었다.

"나는 그가 8년 전 경선에 패했을 때 단 한 번도 화를 내거나 환멸에 빠진 것을 본 적이 없었습니다. 자신의 실망보다는 오히려 국민에 대한 봉사를 앞세운 지도자다운 정치인의 모습을 보여주었습니다."

미셸 오바마가 민주당 전당대회에서 한 말이다.

주변을 돌아보면 자신의 분노를 조절하지 못해서 평생 동안 지워지지 않을 상처를 남기거나, 평생을 후회하면서 살아가는 사람들이 적지 않다. 홧김에 저지르는 순간의 실수 하나로 너무나도 많은 것을 잃어버리는 것이 인간사人間事이기 때문이다.

인간의 삶은 피하고 싶다고 해서 피할 수 있는 것이 아니기에, 순간의 실수나 분노로 더 큰 것을 잃지 않기 위해서라도 늘 깨어 있는 의식을 가져야 하는 것이다.

우리의 분노는 거개가 남들의 잘못이 아닌 자신의 못난 모습에 대한 분노이다. 하지만 화는 백해무익百害無益한 것으로, 우리에게 아무런 이익을 가져다주지 못한다. 결국엔 자신을 나락으로 떨어지게 하는 지름길이 되어버릴 뿐이다.

하지만 화를 참는 것은 결코 쉽지 않다. 그래서 우리는 그 화를 참고 다스릴 수 있도록 훈련해야 하고, 조절과 통제의 문제에 초점을 맞추어서 조심스럽게 다뤄야 한다. 그 이유는 죽어도, 싫어도, 결국엔 내가 처절하게 후회하는 인생을 살아가지 않기 위해서이다.

물론 순간의 감정을 다스리는 것도 엄청 힘들다. 그러나 그 순간이 지나고 나면 비로소 삶이 자유로워질 수 있다는 확실한 믿음을 갖고, 평정심을 유지하도록 노력해야 한다.

그렇다! 리더는 분노해서는 안 된다. 어떤 경우에도 안 된다. 분노를 조절하지 못하는 사람은 절대로 큰일을 할 수 없다. 또한 세상은 걸핏하면 화를 내는 사람을 좋아하지도 믿지도 않는다.

분노 조절을 하지 못한다면 사랑한다고 믿었던 사람들이, 가족이, 이웃이, 친구가 어느 순간 내 곁을 모두 떠나버릴 수도 있다는 말이다.

16

기득권을 버릴 줄 아는 힐러리

2008년 민주당 대선경선에서 패배한 힐러리 클린턴이 오바마가 제안한 국무장관직을 받아들여 수행하는 과정은 결코 간단치도 쉽지도 않았다. 그러나 힐러리는 자신의 개인적인 기득권을 완전히 다 버리고 오바마가 제안한 국무장관직을 기꺼이 받아들였다.

하지만 여기서 큰 문제가 생겼다. 힐러리의 지지자들이 거세게 반발했기 때문인데, 그들은 무엇보다도 오바마의 젊고 혈기 넘치는 보좌진들에 대해 심한 거부감을 나타냈다.

힐러리의 지지자들과 보좌관들은 대선후보 경선의 앙금을 씻어내지 못했지만, 결국 화합을 꾀한 것은 힐러리였다.

힐러리는 자신의 보좌진들에게 이렇게 말했다.

"비록 졌어도 품위를 잃으면 안 됩니다. 누가 뭐라든 이제 그는 미

국의 대통령입니다. 우리 모두 기득권을 버리는 정치를 추구해야
할 것입니다."

힐러리는 보좌진들을 다독거리면서도 예의 바른 존중의 표현을
하라고 지시했던 것이다.

아무리 화합 차원이라고 하더라도 깨끗이 승복하고 서슴없이 기
득권을 내려놓는 힐러리의 이런 모습은 참으로 멋졌다. 그리고 부럽
게까지 느껴졌는데, 우리나라 정치에서는 좀처럼 보기 힘든 모습이
었기 때문은 아니었을까…….

민주당 경선에서 패배한 그는 오바마를 적으로 돌리지 않았다.

물론 처음에는 그가 오바바의 그림자처럼 보였을 수도 있지만,
오바마의 임기 몇 해를 거치는 동안 그의 역할이 차츰 빛나기 시작
했다.

아이티 지진에서부터 러시아와의 신전략 무기감축 협정은 물론이
고, 러시아와 중국까지 끌어들여 이란과 핵 협상을 타결하는 등 잇
따라 발생하는 복잡한 외교문제들을 깔끔하게 해결한 힐러리는 자
신이 결코 오바마의 그림자가 아니라는 사실들을 증명해 보였다.

뿐만 아니라 오바마가 성공할 수 있었던 가장 커다란 요인이었던
유권자들과의 소통과 홍보 전략들을 받아들이고 흡수하여, 오히려
차기 대선에 도전장을 내밀었던 것이다.

어느 나라를 막론하고 대부분의 정치인들은 국민들의 화합과 소

통, 공동의 선은 아랑곳하지 않은 채 자신의 이익과 목적을 위해 수단과 방법을 가리지 않음은 물론, 기득권 유지에 혈안이 되어 있는 것이 오늘날의 현실이다.

그런 만큼 오직 자신의 권익만 극대화시키고자 하는 정치인과 그를 추종하는 권력집단이 국민을 위해 희생하는 정치를 하겠다고 하는 것은, 성직자가 돈도 벌겠다고 나서는 것처럼 황당한 짓거리에 불과하기 십상이다.

이런 정치 세계에서, 자신의 기득권보다도 당을 먼저 생각하고 나라에 힘을 보태는 것이 더 중요하다고 말하는 정치인은 그리 많지 않다. 하지만 힐러리는 달랐다.

민주당 경선과 대선을 치르는 내내 상대 후보들은 힐러리의 기득권 정치를 비난했다. 그리고 많은 사람들은 그가 기득권을 대변하는 정치인(인사이더)이라고 단언하면서, 기득권 표에 안이하게 안주한다고 맹공을 퍼부었다. 심지어 어떤 사람들은 "기득권 냄새가 너무나 강한 그는 막대한 돈을 모았을 뿐만 아니라 오직 세련되고 훈련된 방식으로만 말하는 웅변가일 뿐이다."라고 지적하기도 했다.

하지만 아니다. 많은 것들이 사실과 다르며, 대부분이 오해다. 그의 주변에 있는 수많은 인물들이 힐러리의 권력을 내세워 기득권을 행사했거나 또 다른 사람들의 일에서 비롯된 오해가 잘못 알려져, 그러한 이미지가 덧씌워져 있을 뿐이다.

힐러리는 그 어떤 정치가들보다도 기득권에 대한 욕심이 없는 사람이다. 그는 정치의 고수다. 산전수전, 공중전을 다 겪어야 하는 정치판에서 몇 안 되는 뛰어난 여성 정치인이다.

8년간의 대통령 영부인과 두 번의 상원의원, 그리고 국무장관 등의 화려한 경력을 쌓으면서 수십 년 동안 민주당의 최고의 주류로 활동해 왔다. 그뿐인가. 미국의 정치 명문으로 알려진 클린턴 家의 여장부다.

그러나 그는 기득권을 위한 정치가 얼마나 무의미한 것인지를 그 누구보다도 잘 알고 있는 사람이다. 이미 그는 대통령이었던 남편의 권력과 자신이 퍼스트레이디로서 가졌던 권력의 무상함을 경험하지 않았는가.

그가 여태껏 살아온 삶은 물론이고 30년 가까이 해온 정치 경험은, 그가 사심 없는 정치를 할 수밖에 없는 토대가 되어 주기에 충분한 조건이라는 얘기다.

아무리 강조해도 부족하지 않은 것은, 그는 더 이상 기득권에 좌지우지되지 않는다는 점이다. 민주당의 전당대회 대통령 후보 수락 연설에서도 그는 분명히 밝혔다.

"나는 월스트리트(대형 금융 기관)가 메인 스트리트(중산층)를 무너지도록 방치하지 않을 것입니다. 반드시 거대 금융기업, 거대 갑부들은 합당한 몫의 세금을 내도록 할 것이며 월스트리트의 기득권을 반드시 타파할 것입니다."

어떤 일이 있어도 월가의 기득권을 허용하지 않겠다는 것이다. 자신이 떳떳하지 않으면 결코 쉽게 할 수 없는 말이다.

샌더스가 힐러리를 공식 지지하는 과정에서도 분명하게 한 말이 있다.

"새로이 창출되는 부와 임금의 대부분이 상위 1%의 기득권자들에게만 집중되어 있는 잘못된 미국의 경제 시스템을 반드시 고쳐야 한다는 사실을 힐러리 그는 그 누구보다도 잘 알고 있었습니다. 그와의 경선 과정에서 많은 의견을 나누면서, 나는 그의 의중과 진심을 분명히 알게 되었습니다. 그리고 이것은 비밀이 아니었습니다. 민주주의가 바로 그런 것이기 때문입니다."

샌더스가 한 말의 맥락만 봐도 힐러리가 기득권 정치인이 아니라는 사실은 너끈히 짐작할 수 있다. 그런데도 그간 편견에서 비롯된 오해들이 수도 없이 난무하여 힐러리를 괴롭혔으며, 이미지를 변질시킨 것이다.

급기야 민주당 전당대회에서, 그간 대선후보 경선에서 힐러리를 위협해 온 샌더스가 이렇게 소감을 말했다.

"나는 지난 25년간 힐러리 클린턴을 알고 지내왔습니다. 그는 영부인 역할의 개념(기득권)을 깨어버린 훌륭한 사람이었습니다. 분명그는 뛰어난 미국 대통령이 될 것입니다. 나는 그를 위해 오늘 밤 이자리에 설 수 있다는 것이 자랑스럽습니다."

이번 대선에서 또 하나의 이변이 일어났다. 미국의 현역 연방 상·하원 의원 중에서 자신의 당 대통령 후보를 버리고 상대방 대통령에게 투표를 하겠다고 공식적으로 선언한 사람이 미국 역사상 처음으로 나타난 것이다. 공화당의 리처드 한나 연방 하원의원이다.

2016년 8월 2일, 뉴욕 출신인 리처드 한나 하원의원은 '시러큐스닷컴' 기명 칼럼에서 "나로서는 트럼프 발언을 비판하는 것만으로는 부족하다. 그는 공화당에 봉사하기에도, 미국을 이끌기에도 부적합하다."며 "많은 이슈에서 힐러리 클린턴에게 동의하지 않지만, 그에게 투표하겠다. 클린턴이 나라를 잘 이끌 것이라고 믿는다."고 말했다.

그는 "당이나 승패를 떠나 미국을 사랑하는 좋은 시민이 되는 것이 더 중요하다."며 "힐러리 클린턴은 보기에 따라 클 수도 작을 수도 있는 논란거리를 갖고 있지만, 평생 자신을 위해서가 아니라 대의를 위해 일해 왔다. 그것이 중요하다."고 강조했다.

한나 의원은 공화당원을 향해 "많은 당원이 이 결정을 반기지 않겠지만 언젠가 '진정한 후보'를 갖고 승부를 겨루는 날이 올 것"이라고 위로했다. 그러면서 "성난 민심과 재건 요구에 부응하기 위해서는 복잡한 해결책과 경험·지식·균형이 필요하지, 실망과 걱정, 미움에 영합한 슬로건이 필요한 게 아니다."고 지적했다.

지금까지 미국에서만 힐러리에 관한 책이 무려 100여 권 이상이나 출판되었다. 올해만 해도 6개월 동안에 7권의 책이 쏟아졌다. 현재 생존해 있는 정치인에 관한 책이 이렇게 많이 쏟아진 것은 유례

없는 일이다.

　기득권에 목숨 건 정치인으로 낙인 찍혔거나 사실 또한 그러하다면, 과연 이렇게 많은 책들이 나올 수 있었을까? 수많은 정치인들 중에서 그래도 국민의 눈높이에 맞춰 국민이 원하는 방식으로 일하는 정치인이라고 인정받았기 때문에 생긴 일이 아닐는지……

　그의 연설에는 늘 일관된 소신이 녹아 있는데, 그중 하나가 바로 기득권층과 싸우는 일이다. 자신이 누릴 수 있는 특권과 기득권에는 큰 관심 없이, 오직 자신이 지켜내야 한다고 믿는 소신 말이다.

> "권력의 세계에서 정치적 기득권을 가지는 것이 얼마나 부질없는
> 일인가를 나는 그 누구보다도 잘 아는 사람입니다."

　그렇다. 개인의 이익과 집단의 권리만 남발되는 파편적 정치 행태 속에서 어떻게든 한 자리 해보겠다고 기웃거리는 정치인들이 적지 않다. 하지만 그런 사람들 대부분이 조그마한 자리 하나 차지하다가 결국엔 소리 없이 정치판에서 사라져버리는 경우를 우리는 그간 참으로 많이 보아왔다.

　정치판에서 가장 어리석은 사람은 조금이라도 기득권을 더 가지려고 욕심 부리는 사람이다. 기득권을 포기하지 않거나 그것을 갖기 위해 온갖 술수를 다 부리면서 말로만 국민을 위한 정치를 하겠다고 하는 것은, 자신의 부와 명예와 권력만큼은 어떤 상황에서도 놓지 않고 거머쥐겠다는 치졸한 욕망의 얼굴에 그럴듯한 위선의 가면을

뒤집어쓰는 일에 지나지 않는다.

　정치란 그렇다. 자신이 큰 자리에 올라가려고 발버둥 친다고 해서 큰 정치인이 되는 것이 아니다. 개인의 이익이나 자신들이 속한 집단의 권리만 지나치게 강조하는 정치인은 이미 자격 상실이다. 적어도 자신의 기득권을 버리고 사회의 공동선 추구와 공동체를 먼저 생각할 줄 아는, 양심에 부끄럼 없는 정치인이 되어야만 더 큰 자리의 길이 열리게 되는 것이다.

　힐러리는 수많은 정치인들이 자신들의 기득권을 지키기 위해 깨끗한 정치인들의 발전까지 서슴지 않고 가로막는 잘못된 풍토를 더 이상 간과하지 않으려고 애를 썼다.

　물론 자신도 때로 실수를 했기에, 소위 공적인 영역의 삶을 사는 사람으로서의 처신에 더욱 세심하게 주의를 기울였다. 왜냐하면 세계인들이 자신의 입에 주목하고 자신의 일거수일투족을 지켜보고 있기 때문이다.

　힐러리가 로펌들의 스카우트 제의를 마다하고 '어린이 보호기금' 같은 곳에서 제일 먼저 일을 시작한 것도, 사심과 기득권에서 해방된 여자임을 알 수 있게 하는 중요한 흔적이다.

　사람들이 그의 젊은 시절 모습에서 큰 신뢰를 느끼며 기대감을 갖는 것도 바로 그런 이유에서 비롯되었을 테니 말이다.

Part 4

사람을 통해 꿈에 다가갔다

17

자신의 일에 최고인 사람들을 만났다

힐러리는 평범한 중산층 가정의 자녀로 태어났지만 어릴 때부터 부유한 동네(시카고 근교 파크 릿지 지역), 그리고 좋은 학군, 소위 잘나가는 사람들의 틈바구니에서 살았다. 그래서 그의 생각은 늘 그랬다. 성적이 미래를 보장해 주는 것은 아니지만, 공부마저 못한다면 미래는 없는 것이나 마찬가지라고 말이다.

그래서 그는 동부의 명문 여대로 알려진 웰즐리 대학에 진학했다. 그리고 거기에서 최고의 성적을 냈으며, 총학생회장까지 지냈다. 이미 그때부터 그는 최고의 실력자로 승승장구하기 시작했다.

그리고 사회에 나와서는 로즈 로펌 사상 첫 여성 변호사로, 법률회사 최초 여성 경영자로, 미국 변호사협회 최초의 여성 회장인 최고의 변호사로 활약했다. 뿐만 아니라 5개 기업의 이사로 활동하면서 각종 사회단체와 교육단체, 시민운동 단체의 의장이나 임원들 그리고 최고의 사람들을 만났다.

결국 그는 남편 빌 클린턴을 두 번이나 미국 대통령으로 만드는 데 일조했으며, 미국의 퍼스트레이디로서 자신의 삶에 크게 영향을 미친 사람들을 만났다. 재클린 케네디 오나시스, 프랑스 샤를 드골 대통령, 인도 수상 자와하랄 네루 등 능력 있는 최고의 사람들을 말이다.

때로는 최고가 되기 위해서 치열하게 싸우기도 했다. 자신의 딸 첼시도 서부의 명문 스탠퍼드 대학에 입학시켰다.

우리가 보기에는 모든 것이 최고, 최고, 최고였다. 하지만 그가 추구하는 최고의 가치는 달랐다.

> "나는 세상적으로 성공한 최고의 사람을 만나기보다, 지금의 현실에서 최선의 삶을 살아가는 최고의 사람들을 만나기 위해 노력했습니다. 나는 늘 자신에게 맡겨진 일에 최선을 다하는 사람을 선호했으며 언제나 그런 사람들을 만나고 싶어 했었습니다.

그렇다. 최고의 사람이라는 것은 자신에게 주어진 일이나 상황에 최선을 다하는 사람을 말한다. 그런 사람이 최고의 사람인 것이다. 자신보다 더 성공한 사람을 만나는 것도 중요하지만 지금의 위치에서 최선을 다하는, 그런 아름답고 멋진 사람들을 만나는 것이 더 가치 있는 일이다. 우리들의 삶의 중심은 언제나 현재이기 때문이다.

'최고라는 것'은 우연의 산물이 아니다. 노력의 산물이다. 노력이 최고를 만들어 나가는 것이다. 그렇다. 만약 지금 내 주위에 있는 사람들 중 인생의 목표도 없고, 최선을 다해 살지도 않는 어리석고 바보 같은 사람이 있다면 더 이상 그 옆에 머물 필요가 없을지도 모른다.

결국 내가 최고가 되기 위해서는 지금의 최고보다 나중의 최고를 향해 달려가는, 최선을 다해 살고 있는 사람들과 어울릴 수 있도록 노력해야 하는 것이다.

힐러리는 항상 목표를 최고로 잡았다. 그리고 그는 최고의 사람이 아닌, 최선의 삶을 사랑하는 사람들을 만났던 것이다.

그가 가진 좌우명 중에 이런 말이 있다.

"실패하는 것은 실패하려고 계획을 세우기 때문입니다."

이런 생각을 가진 만큼, 그는 자신이 도달해야 하는 최고의 꿈을 목표로 삼았다.

힐러리는 평범했던 삶에서 더 높이 날겠다는 꿈을 가졌고, 그 꿈을 이루기 위해 자신만의 원칙을 세우고 그림을 그려 나갔다. 그리고 그 꿈은 최초의 여자 대통령이 되겠다는 것이었다.

그는 자신의 꿈을 이루기 위해 세계 최고의 1%에 해당하는 고수들에게 배워 치열한 자기 혁신법을 터득해 나갔다. 그리고 그 계획대로 미친 듯이 달렸다.

초등학교 중퇴자로 미국의 제16대 대통령이 된 아브라함 링컨에 이어 제17대 대통령이 된 앤드류 존슨은 양복 재단사 출신이다.

그는 세 살 때 아버지를 잃고 어려운 형편 때문에 정규 교육과정을 이수하지 못했다. 생활고에 시달리던 14세의 나이에 양복점 점원으로 들어가 재봉기술을 익혔다. 비록 하찮은 일이었지만 최고의 재단사가 되기 위해 언제나 최선을 다했다.

앤드류 존슨은 18세가 되는 해에 구두 수선공의 딸과 결혼하여 아내의 가르침을 통해 비로소 글을 깨우쳤다. 그리고 그는 정직하고 성실한 청년으로 주위의 신망을 얻게 되었으며, 마침내 전국적인 정치인으로 성장하기 시작했다.

그런 그가 대통령이 되기 훨씬 이전에 시의회 의원으로서 워싱턴에서 연설을 할 때였다. 여기저기 군중 속에서 큰 소리가 들려왔다.

"양복쟁이 출신 주제에 무슨 정치를 한단 말인가?"

그 순간 연설장 안은 온갖 비웃음과 빈정거림으로 소란스러워지기 시작했다. 그러나 존슨은 부드럽게 그리고 당당하게 이렇게 말했다.

"네, 맞습니다. 사실 저는 양복 재단사 출신입니다. 그러나 저는 그것이 조금도 부끄럽지 않습니다. 그 일을 할 때 저는 언제나 1등이었기 때문입니다. 저는 손님과의 약속을 꼭 지켰고, 제 옷은 언제나 최고였습니다."

그의 말이 끝났을 때 비웃던 사람들은 부끄러워서 고개를 들지 못했고, 장내는 다시 평정심을 되찾았다고 한다.

남들이 하찮게 생각하는 일이라도 소홀히 하지 않고 진심을 다하던 앤드류 존슨은 자신에게 주어진 일에 최선을 다함으로써 마침내 최고의 정치인, 최고의 대통령이 되었다.

　앤드류 존슨은 대통령 재임 시 알래스카에 있는 얼음덩어리의 가치를 예견하고, 주위의 맹비난 속에서도 자신의 소신대로 알래스카의 땅을 단돈 720만 달러에 구입했다. 그 쓸모없는 얼음덩어리는 현재 미국 북부를 러시아로부터 지켜주는 요새로서의 역할뿐만 아니라 황금과 원유, 천연가스 그리고 목재나 어자원 등 그 가치를 측정하기조차 힘든 천연자원의 보고寶庫로서 미국 경제에 엄청난 도움을 주고 있다.

　그렇다. 어떤 일을 하느냐보다 더 중요한 것은 어떻게 일을 하느냐이다. 자기 일에 최선을 다하는 사람이 그렇지 않은 사람보다 훨씬 더 값진 삶을 사는 것이고, 결국 최고의 사람이 되기 때문이다.

　우리에게 익숙한 이름인 콜린 파월 국무장관, 그의 아르바이트 첫 직업은 음료수 공장에서 바닥을 닦는 청소부였다. 첫 직장이라 적잖게 흥분한 그는 출근한 첫날 세계 최고의 물걸레질 선수가 되기로 마음먹었다고 한다.

　그는 훗날 군대에 가서도 그 같은 마음으로 일했다. 결국 그는 많은 훈장과 함께 가장 존경받는 합참의장으로 제대했으며, 훗날 흑인 최초로 미국 국무장관이 되었다.

　하찮다고 치부되는 일일지라도 최선을 다하는 사람은 자신이 하는 분야에서 마침내 최고가 되는 경우가 적지 않다. 힐러리는 그러한 사실을 잘 알고 있었고, 그렇기에 그런 사람들을 만나고 싶어 했다.

대개 자신의 일에 최선을 다하지 않는 사람들은 엉뚱한 곳을 바라보거나 딴 생각을 자주 한다. 그러다 보니 인간관계에 소홀해짐은 물론 건강한 에너지가 아닌 부정적인 에너지를 발산하여 알게 모르게 주변까지도 오염시켜버리곤 한다.

우리는 그러한 사람으로부터 멀어져야 한다. 사람은 어느 순간 닮아가기 때문이다. 바보 같은 사람과 어울리다 보면 어느새 나도 바보가 되어버린다. 게으른 사람 옆에 있으면 나도 모르게 게으른 사람이 되어버리고, 도박을 좋아하는 사람 옆에 있으면 어느새 나도 도박꾼이 되어버린다.

그렇기에 만약 좋지 못한 영향을 미치는 사람이 옆에 있다면 더 이상 그 옆에 머물지 말고 과감하게 떠나라고 권하고 싶다.

그리고 꿈을 꾸려거든, 더 좋은 사람들과 함께 걸어가는 그런 꿈을 꾸어라. 가치 있는 일을 최선을 다해 하는 사람들과 함께 호흡하라는 말이다. 삶의 과정에서 누구를 만나느냐가 우리 인생의 질을 결정하기 때문이다.

가치 있는 꿈을 향해 최선을 다하는 사람이 내 옆에 있고, 그런 사람들을 만나 무엇인가를 나눈다는 것은 우리에게 내려진 축복이다.

이제 이쯤에서 '내 주위에는 어떤 사람들이 있는가?'를 돌아봐라.

만약 지금보다 더 나은 삶의 위치로 뛰어오르기를 원한다면, 가능한 최선을 다해 사는 사람들로 주위를 채워라. 최선을 다하는 사람들은 최고의 에너지를 퍼뜨리기 마련이니까 말이다.

최선을 다하는 삶의 태도가 과정이라면, 최고가 되는 것은 삶의 목표이고 결과이다. 그러니까 '최선'은 내용물이 되는 것이고, '최고'는 포장지가 된다는 말이다.

최고의 사람이란, 지금은 최고가 아니더라도 최선을 다함으로써 최고가 되어가는 사람을 말한다. 힐러리가 좋아했고, 만나고 싶어 했던 그런 사람들처럼 말이다.

18

좋은 멘토를 찾았다

인생을 살아가면서 자신을 이끌어줄 수 있는 좋은 멘토Mentor가 있다는 것은 대단한 축복이다. 특히 자신의 목적을 모르거나 방향을 잃었을 때는 더욱 그러하다. 왜냐하면 그 멘토를 통해 내 인생을 바꾸는 터닝 포인트를 만들 수 있기 때문이다.

성공한 리더 뒤에는 반드시 훌륭한 조언자들이 있기 마련이다. 힐러리가 최고의 여성이 된 데에도 그가 존경하는 인물들의 가르침이 한몫했다. 그리고 그는 훌륭한 사람들을 멘토로 삼아 닮아가려고 많은 노력을 기울였다. 뿐만 아니라 그 자신도 존경받는 인물처럼 되기 위해 긍정적인 생각을 갖고 노력하여 지금의 위치에 오를 수 있었다.

물론 그의 주변에도 쓴맛을 안겨주거나 사사건건 발목을 잡았던, 별로 득이 되지 않은 사람들도 적지 않게 있었다. 하지만 힐러리는 그들의 영향권에서 벗어나기로 마음먹고 과감하게 결별했다.

그 후 그는 좋은 멘토를 만나기 시작했다.

그중 첫 번째 사람이 바로 재클린이다. 사실 힐러리는 재클린의 남편 케네디를 아주 까다로운 정치인으로 알고 있었다. 그래서 퍼스트레이디인 재클린도 별로 탐탁지 않게 여겼었다. 하지만 재클린을 만나고 난 후, 퍼스트레이디로서 국민에게 영향력을 많이 끼친 그의 능력을 발견하고 마음이 달라졌다.

훗날 힐러리는 재클린을 찬양할 정도로 그를 좋아하게 되었고, 최고의 멘토로 삼았다. 특히 책을 대하는 재클린의 태도에 깊은 감명을 받았다고 한다.

> "재클린 그는 깊이를 가늠하기 어려울 정도의 미모를 지닌 데다 젊은 시절부터 우리 인간의 수준을 초월할 정도로 독서에 몰입했으며, 그 독서로 얻은 지식과 지혜로 세계 최고의 킹카들을 제압하고 다스렸던 것입니다."

힐러리는 자신의 멘토가 된 재클린에게 흠뻑 빠졌다. 재클린은 힐러리에게 "정치적 결단을 내려야 할 때마다 남의 말에 흔들리지 마라. 무엇보다도 자기 자신을 믿어라."라는 말을 자주 해주었다고 한다.

재클린은 힐러리에게 다른 누구보다도 자기 자신의 의견을 존중하고 따르는 게 중요하단 사실을 일러주었는데, 그 영향 때문인지는 확실하지 않지만 힐러리는 미국 역사상 가장 강력한 퍼스트레이디가 되었다.

2014년 2월, 뉴욕 대학에서 게이츠 재단과 클린턴 재단의 공동 강연이 있을 때였다.

힐러리는 여기서 역대 가장 훌륭한 퍼스트레이디로 꼽히는 엘리너 루스벨트의 말을 인용하여 "공직에 나서려는 여성들은 코뿔소와 같은 피부(두꺼운 얼굴)를 가져야 한다."면서, 비판에 직면한 여성이 취해야 할 태도에 대해 매우 기품 있게 이야기했다. 그러면서 체인지 메이커change maker가 되고자 하는 여성들에게 꼭 말해 주고 싶은 말은 "남성들은 여성에게 끊임없이 이중 잣대를 들이댈 것이다. 하지만 여기에 좌절해서는 안 된다. 그래도 미소를 지으며 계속 나아가라."라고 말하며, 엘리너 루스벨트를 소개했다.

엘리너 루스벨트가 힐러리의 멘토이자 '역할 모델'이라는 것을 그의 말을 통해 충분히 짐작할 수 있다.

"나는 연설할 때 종종 농담 삼아 말하곤 한다. 어떤 문제가 생길 때마다 루스벨트 여사와 가상의 대화를 나누면서 도움말을 청한다고. 나는 루스벨트 여사의 발자취를 따라가고 있었다. 내가 과감하게 발을 내딛고 보면, 그곳에는 벌써 그분의 발자국이 새겨져 있었다. 엘리너는 민권, 아동 보호, 난민, 인권 같은 나에게 중요한 문제들을 많이 옹호했다."

엘리너 루스벨트는 영부인이었지만, 저명한 사회운동가이기도 했
다. 젊은 시절부터 여성, 인권 등 폭넓은 분야에서 활약했고, 루스벨
트 대통령이 세상을 떠난 뒤에는 유엔 주재 대표로 활동하면서 세계
인권선언 기초에 기여했다.

그는 242명의 역사학자, 정치학자를 대상으로 실시된 한 여론조
사에서 '최고의 퍼스트레이디'로 평가되기도 했으며, 얼마 전에는
미국의 5달러 지폐 모델인 아브라함 링컨 대통령의 뒷면을 장식할
여성 후보로 선정되었다.

좋은 멘토는 현재의 나보다는 나의 미래를 볼 줄 아는 사람이다.
좋은 멘토의 적절한 가르침이 리더로서의 삶을 풍성하게 만들어주
기 때문이다.

좋은 멘토는 늘 옳은 길로 가도록 이끌어주며 숱한 실패와 좌절을
겪을 때마다 극복할 수 있는 힘과 용기를 주는 사람이다. 지혜와 신
뢰로 한 사람의 인생을 인도하는 지도자라는 말이다.

우리의 삶을 근본적으로 변화시킬 수 있는 멘토의 영향력과 그 위
력은 대단하다. 힐러리는 멘토들의 삶을 존경했고, 늘 그들처럼 살
고자 노력했다.

그리고 또 한 명의 멘토는 미시시피 주 최초의 흑인 여성 변호사

이자 민권 향상을 위한 대변자로 활약했던 매리언 라이트 에델만이다. 에델만은 힐러리에게 독수리처럼 살아가는 법을 가르쳐준 최초의 멘토였다. 힐러리는 그의 조언을 통해 자신의 신념을 효과적으로 전달하는 방법을 배웠을 뿐만 아니라, 작지만 강력한 조직을 만들고 그 조직을 전국적인 규모의 단체로 성장시키는 법을 배웠다.

힐러리는 웰즐리 대학에 재학 중일 때 〈타임〉지를 보다가 매리언 라이트 에델만에 대한 기사를 보게 되었다. 그 순간 힐러리는 에델만을 멘토로 삼고 싶다는 생각을 했고, 곧바로 그의 강연회장으로 달려갔다. 그 강연회가 끝난 후에 에델만에게 다가간 힐러리는 자신에 대해 열정적으로 소개한 후 자신의 멘토가 되어 줄 것을 간곡히 부탁했다. 그러면서 방학이 되면 에델만이 만든 단체에서 일하고 싶다고 이야기했다. 하지만 에델만에게 있어 힐러리는 그저 성가신 존재로, 수많은 참석자들 중 한 사람에 불과했을 뿐이었다.

에델만은 "나의 인생을 배우는 것은 좋다. 하지만 형편상 월급은 줄 수 없다."라고 우회적으로 거절했다. 방학 동안 다음 학기 등록금을 준비해야 하는 힐러리로서는 난감한 상황이었다. 하지만 힐러리는 그리 쉽게 물러서는 나약한 여자가 아니었다.

힐러리는 백방으로 방법을 모색하여 등록금을 모은 후에 다시 에델만을 찾아가서 부탁했다. 이런 힐러리의 태도에 감동받은 에델만은 힐러리를 정신적인 제자로 받아들여 힐러리의 강점을 강화시켜 주고 약점을 보완해 주는 멘토가 되었다.

에델만의 영향을 받아 힐러리는 아칸소 주 최초의 여성 변호사로 활동했고 여성 유권자연맹에서 주 연설자로, 그리고 아동보호기금을 위한 활동을 하며 어린이들의 대변자로 거듭났다. 그리고 힐러리는 전국적인 인물이 될 수 있었던 것이다.

후에 힐러리는 에델만과 일한 경험이 인생의 전환점이 되었다고 말하면서, 그에 대해 수도 없이 언급했다.

"그는 나 자신의 인생을 180도 바꾸게 해준 훌륭한 여인, 내 인생의 스승이었습니다."

힐러리는 에델만의 삶을 존경했고 그처럼 살고자 했으며, 결국 그렇게 살았다.

이렇듯 우리의 삶에 긍정적인 영향을 끼치면서 시행착오를 줄이고 지름길로 갈 수 있도록 돕는 강력한 존재가 바로 멘토인 것이다.

또 한 사람이 있다. 고등학교 때부터 그가 고민이 있을 때마다 이끌어준 존스 목사이다. 그는 백인사회에서 백인 여자로 살아온 힐러리가 그동안 전혀 관심을 가져보지 못했던 백인사회 울타리 너머의 또 다른 세상을 알게 해준 훌륭한 멘토였다. 특히 소외된 사회계층의 사람들에게 관심을 가질 수 있는 계기를 만들어 주었다.

힐러리는 남편의 스캔들 문제가 터졌을 때도, 아주 오랫동안 편지를 주고받으며 조언을 구했던 그에게 직접 상담을 요청하기도 했다.

그리고 힐러리의 삶에 지대한 영향력을 끼친 폴 칼슨 역사 선생님도 있었다. 그는 힐러리의 재능을 마음껏 펼칠 수 있도록 언제 어디서나 용기 있는 말을 아끼지 않았다.

뿐만 아니라 힐러리는 고등학교 때 처음 만난 마틴 루터 킹 목사를 통해 흑인 인권문제에 관심을 갖게 되었는데, 마틴 루터 킹 목사는 멘토 정도가 아니라 아예 영웅이 되어버렸다.
이처럼 힐러리에게는 영향을 미친 수많은 멘토들이 있었던 것이다.

> "내가 최고의 여성이 되기 위해 열심히 달려갈 수 있었던 것은 존경
> 하는 멘토들의 가르침이 있었기 때문이었다고, 지금도 나는 확신하
> 고 있습니다."

그렇다. 좋은 멘토를 만나는 것은 큰 축복임에 틀림없다. 조언을 해주고 방향을 제시해 주는 멘토는 많을수록 좋은데, 그들의 조언을 진심으로 듣고 이행한다면 많은 시행착오를 줄일 수 있기 때문이다.
멘토를 찾을 때는 '항상 나를 믿어주고 진심으로 격려해 주는 사람, 따뜻한 인성과 반듯한 성품을 지닌 사람, 그리고 끊임없이 동기부여를 해줄 수 있는 사람'인지를 고려해야 한다.

이스라엘의 첫 번째 왕 사울은 그의 멘토라 할 수 있는 사무엘 선지자의 멘토링에 의해 왕이 되었다. 그러나 그의 왕권이 확립되면서 자신의 영역이 점점 넓어지기 시작하자, 그는 사무엘의 말을 우습게

여기기 시작했다. 결국 사울은 바른 왕도의 길에서 벗어나기 시작했고, 다윗의 등장 이후에는 그를 제거하는 데만 혈안이 되었다. 결국엔 그의 리더십도 무너지고 삶도 망가져 비극의 인생이 되고 말았다.

멘토는 나를 사고事故로부터 미리 예방해 줄 수 있는 사람이다.

우리의 삶 속에는 나 자신이 보지 못하는 사각지대가 반드시 있기마련이다. 그런 때에 멘토는 내가 알지 못하는 것을 알게 하고, 보지 못하는 것을 보게 하며, 바른 길로 안내해 주는 인도자가 된다. 그야말로 힐러리의 인생을 획기적으로 바꿔버린 것처럼 말이다.

'함께'의 가치가 점점 사라져가는 어두운 세태에서, 좋은 멘토는 삶의 지혜를 알려주고 격려와 적절한 조언을 아끼지 않는 사람이다. 마음먹은 것을 행동으로 바꾸는 데 주저함이 없도록 용기를 주는 사람이다. 그리고 나의 꿈에 한 발자국 더 가까이 다가갈 수 있도록 인도해 주는 사람이다.

성공한 사람들의 이야기를 들어보면 대부분 인생의 중요한 시점에서 성장에 결정적 도움이 되는 멘토를 만났다는 것을 알 수 있는데, 힐러리의 경우야말로 멘토의 힘이 얼마나 중요하고 위대한가를 보여주는 좋은 본보기가 아닌가 싶다.

우리는 이 땅에서 수많은 사람들 가운데 한 명으로 살아가는 법을 배워야 한다. '세상을 살아가는 기술' 같은 것 말이다.

그런데 그것은 삶의 최고의 노하우를 가진 사람으로부터 배우는 것이 바람직하다. 따라서 어려움을 당했을 때 혼자서 고민하거나, 어설픈 사람을 멘토로 생각하는 어리석음을 범하지 않도록 주의를 기울여야 한다.

그리고 혼자 가서는 안 된다. 함께 가야 한다. 좋은 멘토와 함께 말이다.

그렇다면 나에게는 훌륭한 멘토가 있는가?

만약 없다면 지금이라도 찾아야 한다. 반드시!

19

자신의 사람으로 만드는 능력을 키웠다

힐러리는 특이하다. 그는 자신의 정적政敵까지도 자신의 편으로 만들 줄 아는 능력의 소유자다. 그것은 그만이 가지고 있는 범상치 않은 매력일 뿐만 아니라 사람을 끌어당기는 알 수 없는 힘이다. 한마디로 내면에서 뿜어져 나오는 내공이 대단하다.

자신의 매력이 무엇인지 아는 사람은 자신의 능력에 대한 자신감 또한 강해지기 십상인데, 힐러리는 자신이 가지고 있는 매력이 무엇인지를 알고 있었고 거기서 나오는 힘을 십분 활용할 줄도 알았다.

하지만 그도 처음부터 그런 힘을 가지고 있었던 것은 아니다. 그렇다고 자신의 사람으로 만드는 능력이 원래 탁월했던 것도 아니다. 그러기는커녕 본인의 정치를 하기 전에는, 그리고 백악관 초기 시절에는 자신의 목표를 달성하기 위해서라면 도리어 반대파와의 대결도 불사하는 성향이 강했다. 그에게 '킬러 본능killer instinct' 이라는 별명이 이유 없이 붙었던 것이 아니었다.

힐러리는 전략가인 남편이 상대방으로부터 최상의 장점을 이끌어내 타협안을 만들어 가는 과정을 옆에서 수도 없이 지켜보았다. 물론 타고난 기질도 있었고, 전술가로서의 탁월한 잠재력도 가지고 있었지만 대화와 타협의 기술 중 상당 부분을 남편으로부터 배웠다고 보인다.

남편으로부터 배운 타협의 기술은 나중에 힐러리가 상원의원과 국무장관이 되었을 때 매우 큰 도움이 되었을 뿐만 아니라, 정치가로서 자신에게 필요한 사람을 자신의 사람으로 만드는 능력을 키우는 데 밑거름이 되어 주었다.

힐러리의 국무장관 시절, 그는 시리아 내전 초기에 중도파 반군을 무장시킬 것을 오바마 대통령에게 강력하게 제안한 일이 있었다. 그런데 오바마 대통령이 이를 거부해버렸다. 물론 결과론일 수도 있지만 그때 힐러리의 말에 오바마가 좀 더 귀를 기울였다면 IS 같은 세력이 이렇게까지 커지지 않았을지도 모른다. 물론 한번 흘러간 역사에 가정假定이란 없지만 말이다.

하지만 그때 힐러리는 이렇게 말했다.

"나를 포함해서 대부분의 사람들은 토론과 정책에서 지는 걸 좋아하지 않습니다. 하지만 이것은 대통령의 결정이었고, 나는 그의 생각과 결정을 존중했습니다."

이 말의 숨은 뜻은 '나는 공화당 의원들과도 우호 관계를 맺을 수 있는 인물이 될 수 있으며, 더 나아가 누구든지 내 사람으로 만들 수 있는 능력이 있다.'는 것으로, 그 당시 의회에서 고전을 면치 못했던 오바마 대통령을 우회적으로 비판한 것이다.

사실 민주당 내에서 보수 성향이 가장 짙은 정치인은 단연 힐러리이다. 그러므로 이론상으로는 공화당원들이 힐러리를 상당히 좋아해야 한다. 하지만 공화당 보수 세력들이 그를 무척 싫어하는 데는 이유가 있다. 그것은 '정치적 순환구조revenge cycle'때문이다. 일종의 보복심리 같은 것이다.

공화당의 입장에서는 여성 대통령은 무조건 시기상조라고 생각한다. 심지어 극極보수주의자들은 국가적 재앙이라는 말까지 써가며 독설을 퍼붓는다. 하지만 그는 공화당 의원들과 우호 관계를 맺기 위해 끊임없이 노력해 나가는 정치인이다. 자신의 사람으로 만들기 위해서 말이다.

〈뉴욕타임스〉에서 보도한 내용 중에 재미있는 기사를 본 적이 있다. '힐러리가 대통령이 되면, 그가 백악관 뜰에서 공화당 지도부 인사들과 분위기 있게 술잔을 부딪치며 정책을 의논하는 모습을 종종볼 수 있을 것이다.'라고 예상했다. 로널드 레이건 대통령이 자주 했던 '정적들과의 친밀한 대화'가 다시 살아날 수 있다는 것이다.

올해 초 방영된 〈NBC〉방송의 '투데이쇼' 사회자가 특별 출연자인 힐러리 후보에게 '어떤 술을 즐기느냐?' 고 물은 적이 있었다.

> "나는 보드카 마티니를 좋아합니다. 제임스 본드 방식으로 흔들어
> 서요(Vodka Martini. The James Bond way, shaken)."

협상가들이 좋아하는 제임스 본드 방식의 술 마시기이다. 힐러리의 측근들조차도 "그는 술을 정치적 윤활유로 사용하는 데 대단한 소질이 있다."고 이야기할 정도다. 심지어 측근들이나 자신을 너무나 싫어했던 경쟁자들을 자신의 동행자로 만들어 나가는 데는 오바마나 그의 남편 클린턴보다도 힐러리가 훨씬 더 능력이 뛰어나다고 말한다.

물론 공화당 입장에서는 공화당 후보가 대통령이 되는 것이 가장 최상의 길이다. 하지만 만약 민주당에서 정권을 잡게 된다면 여타 후보들보다도 힐러리를 훨씬 더 선호한다는 사실이 대선후보 경선 때 드러났다. 이유는, 그가 다른 후보들에 비해 합리적 보수 성향이 가장 강할 뿐만 아니라 타협과 절충 역량에서 친화력이 매우 뛰어난 정치인이기 때문이다.

> "나는 민주당 안에 많은 친구들이 있지만, 공화당 안에도 많은 친구
> 들을 두고 있습니다."

사실 상원의원으로 있었던 첫 번째 임기 4년 동안, 두드러진 업적

을 냈다기보다는 자신의 사람을 만들어 나간다는 평가가 적지 않았던 것도 바로 그런 이유 때문일 것이다.

힐러리는 정적政敵들까지도 자신의 사람으로 만드는 능력이 뛰어나지만, 자신의 정책과 임무를 수행하기 위해 선별된 주위 사람들을 자기 사람으로 만드는 능력 또한 매우 탁월하다. 그는 비록 적대 관계에 있는 사람일지라도, 자신의 업적을 위해서는 그 사람을 포용하고 설득해서 자신의 사람으로 활용했다. 그와 함께 일했던 많은 사람들이 '그에게 호된 질책을 받았을 당시에는 섭섭하고 두려웠지만, 같이 일을 하면 할수록 그에 대한 호감이 커졌다.'고 이구동성으로 고백하는 것도 이러한 그의 능력과 무관치 않을 것이다.

힐러리 옆에서 일했던 로버트 게이츠 국방장관의 한 측근은 이렇게 말했다.

"나는 처음에 그와 함께 일을 해야 된다는 것에 대해 많이 두려워했었다. 그래서 처음에는 어쩔 수 없이 그를 존중할 정도였다. 하지만 결국엔 그와 그의 훌륭한 노동관을 진심으로 존경하게 되었다. 참 흥미로운 일이지만 그 사람을 정말 좋아하게 되었다. 그는 멋지고 재미있고 기가 막힐 정도로 매력적이며 상대방에 대한 호기심이 많은 사람이었다. 그는 다른 정치인들뿐 아니라 정적들까지도 자기편으로 만들어 나가는 능력이 아주 뛰어난 사람인 것이 분명하다."

오바마 대통령이 지난 4월 영국 런던에서 각계각층의 청년들과 가진 타운 홀 미팅에서 한 청년이 '정치적 반대 인사人事를 대하는 방법'에 대해 물었다. 오바마의 조언은 간단했다.

"당신에게 동의하지 않는 사람들을 찾아라. 타협하는 방법을 배우게 될 것이다. 하지만 타협이 반드시 나의 신념을 포기해야 하는 것은 아니라는 것도 알아야 할 것이다."

힐러리도 그랬다. 그는 사람의 마음을 얻는 것이 권력의 시작임을 그 누구보다도 잘 알고 있었다. 자신이 필요로 하는 사람을 자신의 사람으로 만드는 능력이야말로 자신의 꿈을 이룰 수 있는 지름길이 된다는 것을 그는 알고 있었던 것이다.

힐러리의 그림자처럼 따라다니면서 책사로 일했던 로비 묵Robby Mook은 이렇게 말했다.

"미국 선거는 하루아침에 낙하산 타고 내려와서 선거조직을 꾸릴 수가 없습니다. 돈이 들어왔다고 하루아침에 방대한 조직을 여러 주에 만들어낼 수도 없습니다. 하지만 힐러리는 경험 많은 정치인답게 자신의 매력, 한번 만난 상대방을 자신의 사람으로 만드는 탁월한 능력과 사람을 끌어당기는 그만이 지닐 수 있는 묘한 매력의 소유자였습니다."

힐러리와 한번 만난 사람은 때론 혼이 뺏길 정도로 빨려 들어간다고 말한다. 아무리 똑똑한 사람이라도 녹아내리게 하는 묘한 매력이 있을 뿐 아니라, 포복절도할 정도의 유쾌함을 갖고 있다는 것이다. 그는 집착이라 보일 정도로 수많은 사람들을 일 대 일로 만나는 일에 열중했고, 동시에 만난 사람들을 자신의 사람으로 만들어 나가는 탁월한 능력을 마음껏 발휘했던 것이다.

힐러리 클린턴의 정치 담당 참모를 지냈던 아메리칸 프로그레스 센터 회장 니라 탠든은 "그의 최대 강점은 다른 사람들의 말을 경청하고 그들의 욕구를 이해하는 것."이라고 했다.

그렇다. 누가 뭐라 하든 그가 가지고 있는 가장 큰 덕목과 장점은 적을 동지로 만들 수 있는 아량이었다. 반대 세력조차도 자신의 사람으로 만들어 나갈 정도로 탁월한 능력을 지녔을 뿐만 아니라, 적을 없애는 가장 좋은 방법은 '적을 친구로 만드는 것'임을 익히 꿰고 있는 사람이었다.

그런 만큼 그는 인간관계를 매우 중시했다. 그리고 지속적으로 관리했다. 힐러리는 어린 시절부터 만났던 대부분의 사람들이 지금도 인맥으로 남아 있다고 한다. 그만큼 그는 인간관계를 소중히 여겼던 것이다.

그의 주변에는 자신의 사람들뿐만 아니라 남편 빌 클린턴의 인맥을 비롯한 2008년 민주당 경선 때의 참모들, 그리고 여전히 남아서 힘을 보태주고 있는 오바마의 참모들과 정치 컨설턴트들이 운집해 있다.

뿐만 아니라 그가 접했던 수많은 사람들의 관계와 경험 또한 온전히 그의 것이 되었고, 결국엔 큰 자산이 되었다. 또한 그것은 힐러리가 많은 이들을 자신의 사람으로 만들어 나갈 수 있게 하는 교두보가 되어 주었다.

이 모든 것들은 곧 힐러리의 강력한 힘이자 에너지의 원천이다. 그는 함께 한 공간에 머물며 살아가는 사람들이 얼마나 소중한지를 누구보다도 잘 알고 있었으며, 서로에게 영향을 주고받는 우리 모두의 삶이 하나로 연결되어 있다는 사실도 익히 간파하고 있었다.

그랬기에 그는 그러한 것들을 바탕으로 고양된 삶의 에너지를 세상에 전달하기 위해 몸을 던졌으며, 자신의 꿈을 마음껏 펼치기 위해 달리고 또 달렸던 것이다.

20

배우자와의 관계를 잘 이끌어 나갔다

힐러리와 남편 빌 클린턴은 1970년에 예일 대학 로스쿨 도서관에서 처음 만났다. 졸업 후 1973년에 영국으로 함께 떠난 여행에서 클린턴 전 대통령이 청혼했으나 힐러리는 아직 시간이 필요하다는 이유로 한 차례 거절을 했었다. 이후 빌 클린턴이 두 차례나 더 청혼한 끝에 승낙을 얻어냈다. 그리고 빌 클린턴의 고향인 아칸소 주 페이엣빌의 자택에서 열다섯 명의 하객이 모인 가운데 간소하게 결혼식을 올렸다.

도도한 이미지의 힐러리와 아칸소 촌뜨기에 불과했던 빌 클린턴의 성격은 많이 달랐다. 세련되고 똑똑하고 논리적인 힐러리와 저돌적이고 감성적인 빌 클린턴, 그리고 남자를 매혹시키는 데 별 재주가 없던 힐러리와 사랑을 얻어내는 데 본능적 감각이 있었던 빌 클린턴, 어쩌면 이 두 사람은 달라도 너무 달라서 서로에게 더욱 끌렸는지도 모른다.

하지만 결혼 후 빌 클린턴의 잇단 여성 편력으로 인해 부부관계에 끊임없는 위기가 찾아왔다.

힐러리는 남편 빌이 아칸소 주지사가 될 때까지 지원자 역할을 충실히 했지만, 1992년에 나이트클럽 가수인 제니퍼 플라워스가 당시 아칸소 주지사였던 빌과 12년 동안 은밀한 관계를 이어왔다고 폭로했을 때는 적잖게 힘들어했다.

하지만 힐러리는 남편 빌 클린턴을 옹호하며 의혹을 단호하게 부인했고, 부부는 아무 일도 없었다는 듯이 결혼생활을 영위해 나갔다.

그 후 빌 클린턴은 아칸소 주지사 재선에 나섰지만 실패했고, 이에 상심했는지 자주 술을 마시러 다녔다. 그리고 바람을 피우는 낌새까지 보였다.

힐러리의 눈에는 그러한 행동을 하는 남편의 방황이 몹시 거슬렸다. 상심한 마음이야 이해한다고 쳐도, 힐러리의 성격상 남편을 온전하게 이해하는 것이 쉽지 않았다.

그러나 알코올 중독자였던 아버지 로저 클린턴이 거의 날마다 술에 취해 들어와 어머니를 폭행하는 환경에서 자라온 남편을 이해해 주려고 무던히 노력했다. 남편을 따뜻하게 보듬어주기도 하고 위로해 주기도 하면서 하루빨리 선거의 실패에서 일어날 수 있도록 많은 노력을 기울였던 것이다.

마침내 둘은 결혼 후 18년 만인 1993년에 백악관에 입성했지만,

1998년에 빌 클린턴이 백악관 인턴직원 모니카 르윈스키와 부적절한 관계를 맺은 사실이 들통 나면서 둘의 관계는 또다시 위기를 맞았다. 다시금 결혼생활이 위태로워지면서 정치적으로도 큰 위기를 겪게 되었다. 하지만 힐러리는 남편을 믿는다고 단호히 맞섰다. 오히려 이 소문은 우익들의 음모라고 일축해버렸다.

그러나 모든 것이 사실로 드러났고, 미 정계에 긴장감이 감돌기 시작하더니 급기야는 빌 클린턴에 대한 탄핵이 제기되었다. 하지만 그는 끝까지 남편을 믿는다고 자신의 입장을 밝혔다.

"나는 아직 남편에 대한 믿음을 잃지 않았습니다."

그 한마디에, 대중들은 실로 엄청난 스캔들에 대처하는 그의 결단력에 열광하기 시작했다. 추락했던 그의 지지율은 73%까지 치솟았다. 남편으로 인해 적지 않은 논란에 휩싸였지만, 힐러리는 특유의 결단력으로 끝까지 남편을 옹호함으로써 자신의 소신도 지키고 남편도 보호할 수 있었던 것이다.

힐러리의 이러한 모습을 보며, 세상의 많은 부부들은 배우자가 지녀야 할 가장 소중한 가치가 용기와 지혜라는 사실을 새삼 깨닫지 않았을까……

힐러리는 실로 참기 어려운 굴욕과 엄청난 정신적 고통을 겪으면서도 꿋꿋하게 자신의 가정과 남편을 지켜냈을 뿐만 아니라, 더 나아가 국가의 품격과 위신까지 지켜주면서 그 위기를 슬기롭게 넘겼던 것이다.

그의 인내심과 포용력, 이해심과 아량으로 끝까지 남편을 믿고 존중해 주는 용기와 지혜로운 모습에 대중의 마음이 움직였고, 마침내는 동정 여론까지 확산되었다. 그리고 그러한 분위기는 그가 정계로 진출하는 계기가 되어 주었다.

용기 있는 결단력으로 지지율이 크게 오르게 된 힐러리는 상원의원에 출마하겠다고 결심했고, 2000년 11월에 뉴욕 주 상원의원에 당선되었다. 그리고 2006년에는 재선에 성공했으며, 9·11 테러 복구를 위한 기금 조성과 이라크 파병 증파에 반대하면서 상원의원으로서 종횡무진 활약했다.

이에 오바마 정부는 힐러리의 국민통합과 국정수행 능력을 높이 평가하여 그를 국무장관으로 지명했고, 이후 명실상부한 민주당의 대선주자로 부상하게 되었다.

힐러리는 훗날 자서전을 통해 자신이 처했던 결혼생활의 위기에 대해 이렇게 고백했다.

"그 당시 나는 남편에게 매우 화가 나 있었던 것이 사실이었습니다.
'이 양반과 내가 계속 살아야 해?' 결혼생활 유지에 대한 의문을 품었던 것도 사실이었습니다."

르윈스키 스캔들은 빌 클린턴이 '아내에게 용서를 받을 때까지 서

너 달 동안 침대에서 자지 못하고 2층 침실에 딸린 조그만 서재의 소파에서 밤을 보냈다.'고 말할 정도로 이들 부부에게 닥친 최대의 위기 상황이었던 것이다.

두 사람이 아무 말도 하지 않고 싸늘하게 지낸 기간이 제법 길었던 것도 사실이었다. 또한 여자로서, 한 아내로서 그가 엄청난 상처를 받은 것도 사실이었다. 하지만 그는 끝까지 가족을 지키기 위해 마지막까지 최선의 노력을 다했고, 마침내 남편을 용서했던 것이다.

이번 대선 기간 내내 유권자들의 입에 오르내린 말이 있었다.

"트럼프는 두 여인을 버렸다. 하지만 힐러리는 남편을 용서했다."

힐러리는 빌 클린턴의 정치적 반려자로서, 남편을 더 크고 넓은 정치무대로 끌어낸 강한 여성이었다. 이러한 점을 두고서 반론을 제기하는 정치가들은 거의 없다.

이후로도 힐러리는 남편의 야망과 꿈을 이루기 위해 힘을 북돋아주었다. 남편의 정치적 야심을 끌어내고 독려한 것도 결국 힐러리였다. 그랬다. 어떠한 힘든 상황에서도 그가 변함없이 클린턴의 곁을 지켜주었기에 모든 것이 가능했던 것이다.

힐러리는 남편을 용서했고, 그 후 지금까지 정치적 동반자 관계를 유지하면서 상부상조하고 있다.

논리적인 힐러리와 감성적인 남편 클린턴은 결혼생활을 해오면서 성격 차이를 느끼기는 했지만, 자라온 환경적 요소로 인한 문화적

갈등 따위를 겪은 것은 아니었다고 한다. 문제는, 좀처럼 사그라지지 않는 빌 클린턴의 바람기였다. 배우자가 한눈을 파는 등으로 속을 썩이면 '돌부처도 돌아앉는다.'고 하는데, 힐러리의 마음인들 어떠했겠는가.

그럼에도 불구하고 힐러리는 평온한 성정性情을 유지하기 위해 애를 쓰면서, 자신이 처한 상황에서 도망가지 않고 오히려 또 다른 경쟁 속으로 뛰어들었다.

물론 일각에서는 그가 남편을 용서한 것은 자신의 정치적 욕심을 위한 것이라고 떠들어댔다. 하지만 그것은 아니었다. 그때는 정치와는 무관한 퍼스트레이디에 불과할 때였다. 그의 속마음까지야 우리가 다 알 수 없는 노릇이지만, 분명 그때까지만 해도 그의 개인적인 정치적 욕심은 전혀 드러나지 않은 상태였다.

훗날 힐러리는 이때 일에 대해, 돌아온 탕자를 맞이한 아버지처럼 조건 없이 남편을 받아주었다고 고백했다.

"그동안 나를 인도하고 지지해 준 것은 신앙이었습니다. 특히 내 인생의 가장 힘든 시기에, 성경에 나오는 '돌아온 탕자' 이야기는 나에게 아주 큰 힘이 되었습니다. 우리가 인생을 살아가다가 누군가가 나를 실망시킬 경우 '이제 당신 따위는 필요 없어.', '당신이 무슨 짓을 했는지 알고 있어.', '당신은 반드시 그 대가를 치러야 해.'라고 말하고 싶은 게 우리 모두의 솔직한 심정입니다. 하지만 성경 속 아버지는 그렇게 하지 않았습니다."

남편이 대통령 재임 중 섹스 스캔들에 휘말렸을 당시의 심정을 우회적으로 표현한 것으로, 지난 3월 디트로이트에 있는 한 침례교회를 방문했을 때 힐러리가 최초로 언급한 내용이다.

이를 두고 〈워싱턴 포스트〉는 '힐러리가 이렇게 고통스럽고 수치스러운 일을 오늘처럼 언급한 것은 매우 이례적인 일이었다.'라고 언급했으며, 〈LA타임스〉에서는 '힐러리가 자신의 상처를 공개한 것이 오히려 유권자들로부터 큰 공감을 이끌어냈다.'고 분석했다.

대부분의 남편들은 결혼생활에서 안정감을 원한다. 그런 만큼 가장으로서의 위치가 흔들릴 때 그 어떤 일보다도 심리적인 부담을 크게 느끼므로, 파국으로 몰고 가는 것을 원하지 않는다면 너무 몰아붙이기보다는 적당하게 기氣를 살려줄 필요가 있다. 힐러리는 그것을 아는 여자였기에, 남편이 실수를 했을 때 오히려 더 존중해 주는 현명함을 발휘했다. 평소보다도 남편을 더 소중하게 여기고 그의 허물과 약점들까지도 이해하려는 노력을 기울인 것이다.

남편의 부족함이나 잘못을 탓하거나 결혼을 후회하면서 인생을 한탄하는 수많은 여자들은 힐러리의 처신을 보면서 그가 참으로 지혜롭고 현명한 여자라는 사실을 새삼 깨닫지 않았을까 싶다.

부부란 각자의 인생을 살며 수십여 년을 따로 살다가, 이제는 오직 한곳만을 바라보며 한 몸으로 살아가는 일심동체이다. 또한 가정은 작지만 아름다운 공동체이다. 그러나 살다보면 서로 간에 참아줘야 하는 것도 적지 않고, 실수를 묵인해 주고 감내해야 하는 일도 숱하게 생긴다. 그러므로 결혼생활을 축복으로 만들려면 서로를 이해하기 위해 보다 애를 쓰고, 자신과 다른 점을 맞추어 가면서 조금씩 바꾸어 나갈 수밖에 없는 것이다.

아내가 남편을 만나고 남편이 아내를 만나는 것은 인생 최고의 친구를 갖게 되는 일이며, 부부로 산다는 것은 서로에게 평생 우산이 되어 주는 일이다. 그런 의미에서 배우자는 죽는 순간까지 같은 방향을 바라보며 가야 하는, 이 세상에 단 하나밖에 없는 남자이며 여자로서 서로에게 삶의 이유가 되어 주는 존재이다.

힐러리는 그러한 사실을 누구보다도 잘 알고 있었기에, 위기 상황에서도 늘 꿋꿋하고 당당했던 것이다.

그런 그가 뭇여성들에게 많은 생각을 하게 하는 말을 던졌다.

"내가 왜 그에게 다가오는 그 수많은 헤픈 여자들을 걱정해야 하는가? 그 사람이 내게 얼마나 의지하고 있는지를 안다면 나와 대적할 수 있는 여자는 아무도 없을 것이다."

얼마나 당차고 자신감이 강한 여자인가. 그런 그가 남편의 성 추문이 세상에 드러났을 때 끝까지 이혼하지 않고서 자신의 가족을 지켰던 것은 어찌 보면 당연한 일이었다. 그는 남편 빌 클린턴을 사랑했지만, 감성적인 열정에 목숨 건듯 흥분하기보다는 두 사람이 추구하는 공통적인 가치를 실현시키는 일을 보다 우선시했기 때문이다.

결혼 40주년을 맞아, 아내 힐러리가 트위터에 이런 글을 올렸다.

"나는 도서관에서 만난 귀여운 남자와 40년 전에 결혼했어요. 오늘
은 행복한 결혼기념일이 되길 바랍니다. 그리고 당신은 여전히 매
력이 있어요."

그리고 결혼 당시의 사진을 올렸다.

이를 본 남편 클린턴도 곧바로 "결혼한 지가 엊그제 같은데 벌
써……"라며 결혼식 때 찍은 사진 한 장과 함께 답글을 올렸다. 세
월이 많이 흐르긴 했지만 아무도 말릴 수 없는 애정을 과시했던 것
이다.

대통령의 임기가 끝난 후 심장 수술을 받은 클린턴 전 대통령은
체중이 많이 줄었다. 그는 심장병을 고치기 위해 엄격한 채식주의자
로 변신했는데, 약해진 몸을 이끌고 힐러리 상원의원의 유세 현장에
여러 차례 모습을 드러냈다.

클린턴은 "힐러리가 1975년부터 2001년까지 자신의 정치인 인생
을 26년간 도왔듯이, 이제부터 나도 힐러리의 정치인 생활을 26년
간 지원하겠다."는 내용의 멋진 약속을 하기도 했다. 말만 그렇게
한 것이 아니라 실제로 힐러리의 상원의원 지지 유세 때에 "내가 결
혼할 당시 딱 하나 마음에 걸린 것이 있었습니다. 그것은 아내의 재
능이 가치 있게 쓰일 기회가 오지 않으면 어떡하지 하는 것이었습니

다."라고 말해 많은 청중들의 박수를 받았다.

2009년 2월, 방한한 힐러리 당시 국무장관이 이화여대에서 강연을 마쳤을 때 한 여대생이 질문했다.
"인생에서 가장 중요한 것이 무엇이라고 생각합니까?"

"우리의 인생에서 가장 중요한 것은 서로 사랑하며, 사랑 받는 것입니다. 그 외는 다 배경음악입니다."

우리는 왜 행복한 부부생활을 누리지 못하고 있다고 생각하는 걸까? 물론 한눈팔지 않는 모범적인 남편을 만나면 더 없이 좋은 일이다. 하지만 누구나 다 모범적이고 훌륭한 남편을 만날 수는 없다. 그렇다고 남편을 탓하거나 원망하며 살아간다면 그것이야말로 더 큰 불행을 자초하는 일이고, 인생 낭비다.

현명한 아내라면 남편이 좀 마음에 들지 않는다 할지라도, 비록 실수를 했다 할지라도 힐러리처럼 끝까지 포용해 주는 지혜로운 여자가 되어야 할 것이다. 무조건 남편이 자기를 보호해 주고 사랑해 주기만을 바라는 여자가 아니라, 사랑에 서툴고 실수투성이인 남자를 현명하게 잘 이끌어주는 그런 아내 말이다.

부부가 한평생을 살아가는 동안 내 삶과 내 마음에 꼭 맞는 남편은, 또는 아내는 이 세상 그 어디에도 없다. 난들 남편의 마음에 꼭 맞겠는가? 따라서 마음에 들지 않는 남편을 선택한 것에 대해 후회하기보다는, 지금 이 순간에 남편과의 관계를 잘 이끌어 가는 사람이 결국엔 멋진 아내가 된다는 사실을 잊지 말아야 하겠다.

감정적으로나 이성적으로 감내하기 힘든 상황 속에서 끝까지 가정을 지킨 강인한 여성 힐러리, 분명 그는 남편과의 관계를 원만하게 잘 이끌어나간 훌륭한 아내였다. 그러한 인내심과 포용력이 있었기에 여성 정치인으로서 큰 업적을 쌓을 수 있는 또 다른 기회까지 잡을 수 있었던 것은 아닐는지.

부부란 그렇다. 서로의 부족한 점을 메워주면서 조금씩 채워나가는, 그래서 저마다 갖고 있는 의미 이상의 존재가 되어야 할 것이다.

남편을 향한 힐러리의 그 사랑 속에는 그 어떤 여자들보다도 아픈 눈물이 어려 있다. 그 아픔이 너무나 컸기에 오히려 어지간한 시련에는 끄떡도 하지 않을 정도로 강인해졌으며, 많은 이들의 슬픔과 고통까지도 감싸 안을 수 있을 정도로 마음 따뜻한 지도자가 되는 계기도 되었다.

힐러리처럼, 배우자의 허물을 들추기보다는 좀 더 사랑하고 품어줄 수 있다면 우리 모두도 아름답고 행복한 가정을 만들어 나갈 수 있을 것이다.

그가 남긴 아름다운 족적들

21

약자들의 아픔을 대변하는 변호사

힐러리가 남편보다 훨씬 더 많은 돈을 벌 때가 있었다. 바로 그가 변호사로 일을 할 때이다. 1991년 당시 로펌에서 일하면서 그는 거의 20만 달러에 달하는 연봉을 받았다. 물론 남편 클린턴은 이에 훨씬 미치지 못했다. 주지사로 일하면서 받는 연봉은 3만5천 달러에 불과했다. 물론 판공비와 거마비, 주지사 공관, 보모비 등까지 합치면 더 많은 금액을 받는 셈이지만 그래도 힐러리에 비하면 턱없는 액수였다.

힐러리는 매사추세츠 주에 있는 웰즐리 대학을 졸업하고 예일 법학대학원에 진학했다. 거기에서 한 학년 후배인 빌 클린턴을 만나 그와 함께하기 위해 졸업을 1년 늦췄다. 그리고 클린턴이 졸업한 후 고향인 아칸소 주의 변호사 시험에 합격하자, 힐러리도 같이 아칸소로 따라갔다.

하지만 그 이전에 법학 박사 학위(J.D)를 취득한 힐러리는 당시 확실한 성공이 보장되던 대형 로펌에 취업하지 않고 심화연구를 위해 예일 어린이 연구 센터에서 다시 공부를 시작했다.

사실 그는 돈에 대해서는 큰 관심이 없었다. 물론 힐러리는 어릴 때부터 아버지에게 배워온 재테크의 기본 지식이 있었으며, 재테크를 통해 돈을 벌어본 경험도 갖고 있었다. 하지만 거기까지였다.

보통 가정에서는 부부 중에 돈을 더 버는 사람이 가정의 주도권을 쥐게 마련이다. 하지만 힐러리는 그러지 않았다. 변호사로서 돈 버는 일보다는 자신이 좋아하고 관심 있는 일, 어린이 인권 문제나 여권 신장이나 유색인종 차별 철폐 같은 정치와 관계된 사회활동에 더 관심이 많은 편이었다.

1970년대 닉슨 대통령의 워터게이트 사건이 드러났을 때, 연방 하원의원 법제사법위원회의 탄핵조사단에서 일할 젊은 법률가로 '힐러리의 남자친구 빌 클린턴'이 추천되었다. 하지만 당시에 빌 클린턴이 아칸소 주에서 연방 하원의원 선거에 나서려고 준비 중이어서 오히려 힐러리가 추천되었고, 그는 탄핵 조사위원으로 일하게 되었다.

1974년 1월부터 법사위 탄핵조사단 조사위원회가 연일 열리는 도중, 그해 8월에 결국 닉슨 대통령이 사임을 발표했다.

탄핵 조사위원 임무가 종료되었을 때, 예일 법대 박사학위와 탄핵 조사위원 경력을 가진 힐러리는 대형 로펌의 러브콜을 받았다. 주변의 많은 사람들도 변호사로서의 성공을 위해 뉴욕이나 워싱턴으로 가야 된다고 권유했다. 하지만 힐러리는 끝까지 돈보다는 자신의 소신을 지키기로 마음먹었다.

1976년에 남편 클린턴이 리틀록의 지방판사에 선출되자 그들은 아칸소 주도州都 리틀록으로 이주했고, 그때서야 힐러리는 로즈 로펌에서 일하게 되었다. 하지만 그가 일을 똑 부러지게 잘하는 변호사라는 사실이 소문나는 것은 시간 문제였다. 그만이 가지고 있는 고도의 집중력과 타의 추종을 불허하는 놀라운 업무수행 능력으로 회사의 모든 일을 거의 장악하다시피 해버렸다.

그리고 그는 명망 있는 여성 흑인 변호사 매리언 라이트 에델만이 이끄는 '어린이 보호기금'에서 일하기 시작했고, 가장 짧은 시간 안에 아칸소 주의 어린이보호협회 회장을 맡았다. 그는 의료 혜택을 받지 못하는 가정의 어린이에게 연방 차원에서 지원을 하는 아동건강보험 프로그램 법안을 추진해 성공시키는 등으로 큰 업적도 남겼다.

그가 아동복지 문제에 관심을 가지게 되었던 배경에는 그의 어머니의 삶이 깊이 연관되어 있다. 그의 자서전에는 이런 대목이 있다.

> "어머니는 모든 인간, 특히 아동들이 당하는 학대에 분개했었습니다. 어머니는 언제나 불우한 사람들에게 마음을 여는 분이었습니다. 사회정의에 대한 의식이 강했으며, 아마 나도 그때부터 사회정의에 대한 의식을 갖기 시작했을 것입니다."

어머니의 영향으로 힘없고 가난하며 차별받고 있는 사람들을 사랑하면서, 그들을 위해 봉사해야 한다는 사명감과 신념을 갖고 있었던 그가 아이들의 인권에 많은 관심을 가진 것은 어찌 보면 당연한 일이었던 것이다. 그래서 그는 아이들의 인권보호를 위해 그러한 법을 만들어 나가는 데 일조하고 싶다는 바람을 내비치곤 했다.

"나는 나의 부모, 교육, 기회를 가졌기에 정말 운이 좋다고 생각합니다. 그래서 나는 앞으로 계속해서 다른 사람들의 삶을 위해 살고 싶었습니다. 우리 모두는 아이들에게 준 것보다 더 많은 빚을 지고 있다는 사실을 깨달아야 합니다."

오바마 대통령이 힐러리의 유세를 도우면서 "여러분, 힐러리 그는 미래에 대한 아이들의 기대치를 높였던 사람입니다."라고 치켜세우고, 남편 빌 클린턴이 민주당 전당대회에서 "나는 1971년에 한 청순한 소녀를 만났습니다. 그는 장애인들과 어린이, 빈곤층 그리고 사회정의를 위해서 청년시절부터 끊임없이 헌신해 왔던 사람이었습니다."라고 강조한 대목을 통해서도 약자들의 편에 서서 일해 온 힐러리의 관심과 사랑이 어느 정도인지를 읽을 수 있다.

특히 빌 클린턴은 2004년에 심장마비로 목숨을 잃을 뻔했는데, 백악관을 떠나면서 자신의 시간과 돈 그리고 자신이 가진 능력을 가치있는 일을 위해 쓰겠노라고 고백하고 다짐했던 그로서는 약자들을위해 싸우는 아내의 모든 것들이 무척 의미 있게 다가왔던 모양이다.

뿐만 아니라 힐러리는 남편의 대통령 재임 시절부터도 꾸준히 흑인과 소수인종 우대정책을 펴왔다. 그리고 남편이 퇴임한 후에도 클린턴재단 사무실을 굳이 흑인 빈곤층 밀집지역인 뉴욕 할렘에 개설하는 등으로 자신의 소신을 위해 30년 이상 노력해 왔다.

지난 민주당 경선 때 미국 연방의회의 흑인 의원 모임인 '블랙 코커스(CBC : Congressional Black Caucus)'가 힐러리 후보에 대한 지지를 만장일치로 공식 선언한 것도 바로 그런 맥락에서 보면 이해 가능한 일이다.

버터필드 의장은 "경찰의 직권 남용과 폭력 범죄로 인해 흑인들이 길거리에서 목숨을 잃고 있다. 우리는 인종적 분열을 이해하는 대통령이 필요하다. 우리는 흑인들의 인권과 국내외 정책 모두에 능통한 대통령을 가져야 한다."며 힐러리 후보가 이 같은 조건에 가장 부합하다고 역설했다.

CBC는 초당파 모임이지만 흑인 의원 절대 다수가 민주당 소속이다. 흑인 사회에 막강한 영향력을 행사하는 단체인 만큼 CBC의 지지를 얻으면 흑인 표 경쟁에서 상당히 유리한 고지를 점할 수 있다.

저명한 흑인 인권운동가 출신인 존 루이스 하원의원(민주당, 조지아주)은 "흑인 차별 문제가 극에 달한 1960년대 시위 현장에서 나는 단 한 번도 샌더스의 얼굴을 본 적이 없었다. 내가 당시 학생비폭력실천위원회(SNCC) 의장을 맡아 프리덤 라이더스(인종차별 시위) 운동을 주도하며 각종 집회와 행진을 이끄는 동안 샌더스는 보지 못했지만 힐러리는 자주 만났었다. 그는 우리 흑인들의 아픔을 아는, 인내심과 경험 그리고 기질을 갖춘 단 한 명의 정치인이다. 유일하게 한 후보가 미국의 차기 대통령이 될 만한 자질과 경험, 기질을 갖췄다는 데 의심의 여지가 없다."며 목소리를 높여 환영하기도 했다.

인종 문제와 아동보호에 상당히 관심이 많았던 존 루이스 의원으로서는 물론 당연한 선택이었겠지만, 대다수의 사람들은 정치활동을 하면서 소신을 가지고 열심히 일했던 젊은 날의 힐러리의 모습에서 신뢰를 느꼈다고 말한다.

결국 결과는 표로 돌아왔다. 경선에서 대다수의 흑인 유권자들이 몰표를 던지며 힐러리의 든든한 지원군으로 변신했던 것이다.

클린턴이 리틀록의 지방판사에 선출된 지 2년 후인 1978년에 남편이 아칸소 주지사에 당선되자, 힐러리는 농촌지역 건강지원위원회의 위원장을 맡아 아칸소 주의 가난한 지역들에 의료시설을 확충하는 역할을 적극적으로 맡았다. 급기야 힐러리는 아칸소 교육표준위원회 회장을 거쳐, 그의 소신과 능력을 발판으로 훗날 미국 변호사협회의 여성회장에까지 올랐다.

그리고 1988년과 1991년도에는 미국에서 가장 영향력 있는 100대 변호사로 〈국가법률 저널(National Law Journal)〉에 뽑히기도 했다. 그리고 전국구 변호사로 성장하기 시작했던 것이다.

그 험난한 시간 속에서 힐러리는 늘 소신과 결단력을 가지고, 자신이 사랑하는 일을 지켜 나갔다.

그는 분명 변호사였다. 하지만 그는 돈 버는 변호사 일보다는 어린이재단이나 인종문제, 혹은 가난한 지역을 위한 개발이나 의료시설 확충 그리고 소외된 여성들의 권익 문제에 더 많은 신경을 쓰며 늘 약자들 편에 서서 자신의 신념에 맞는 일에 충실했다.

"내가 변호사가 되려고 결심했던 가장 큰 이유는 단 한 가지입니다. 가난하고 고통 받는 사람들에게 더 많은 지원과 도움을 주기 위함입니다. 법률이라는 형식을 통해 개혁할 수 있다면 그것은 가능한 일이기 때문입니다. 여성을 비롯해서 소외된 사람들도 사회에 열심히 참여할 수 있는 권리를 보장해 주어야 합니다. 우리의 안보와 번영을 위해서라도 말입니다."

가난하고 약한 사람들을 향해 자신의 삶의 태도를 보여주고 자신이 하고자 하는 일의 의미를 투영시킴으로써 공감을 불러일으켰던 것이다.

그렇다. 긍휼이란 행함을 유발하는 동력이다. 그리고 상대방의 필요에 반응하는 것이다. 느낌으로만 끝나지 않고 행동으로 옮겨야 하는 것으로, 상대방과 함께 그 모든 상황을 경험하는 것이다.

긍휼은 가슴 깊은 곳에서 퍼져 나오는 울림이다. 그리고 우리 인간만이 소유하고 있는 신실함의 표현인데, 힐러리는 약자를 위해 무엇인가 하고자 하는 마음이 젊은 시절부터 각별했던 듯싶다.

그의 대학 졸업 논문 제목부터가 벌써 달랐다.

'지역사회 활동 프로그램과 빈곤, 그리고 힘겹게 살아가는 지역 단체
조직'

그는 이미 그때부터 가난으로 인해 고통 받고 있는 사람들이 자립
할 수 있도록 방법을 강구해야 된다는 확고한 신념을 갖고 있었던
것이다.

그가 1960년대 미국 전역에 들불처럼 번졌던 흑인 민권운동에 관
심을 갖게 된 것도 백인 소속 의원들의 인종차별주의적 발언들에 큰
상처를 입었기 때문이며, 이것은 그가 흑인 인권과 약자들의 편에
서서 변호하기 시작하는 계기가 되었다.

그가 항상 강조해 왔던 것처럼, 그는 사심私心을 버리고 자신의 이
익보다 남을 먼저 생각하는 멋진 여성이었다.

"이제 우리는 개인적인 생각은 그만하고, 사회에 최선을 다하는 것
이 무엇인지에 대한 생각을 시작할 필요가 있습니다."

'사랑의 다음 단계는 사랑의 무게까지도 책임지는 것이다.'
그는 그 말의 의미를 그 누구보다도 잘 아는 진정 아름다운 여인
이었다.

그렇다. 그가 변호사가 되기로 결심한 가장 큰 이유는 법률이라는

체제를 통해 개혁을 추진하여 소신껏, 그것도 남을 위해서 일하는 것이었다. 그리고 분명한 것은 그는 부富를 위해서 변호사가 된 사람도 아니고, 존경받기 위해서 그 어렵고 힘든 변호사의 길을 선택한 것도 아니었다.

가난하고 소외되고 억울하고 불쌍한 사람들을 위해 일하겠다는 선한 생각과 자신의 조국을 사랑하는 정의로운 마음이 있었기에 그는 온갖 고난을 이겨낼 수 있었고, 미국 주요 정당의 첫 여성 대통령 후보가 될 수 있었던 것이다.

22

국제무대에서 빛을 발한 뛰어난 외교가

　미국에서 남성이 아닌 여성이 국무장관을 한다는 것은 매우 획기적인 일이다. 그런데 1997년부터 지금까지 미 국무장관 다섯 명 중 세 명이 여성이었다. 미국 최초 여성 국무장관으로 활약한 매들린 올브라이트(1997년~2001년), 최초의 흑인 국무장관인 콘돌리자 라이스(2005년~2008년) 그리고 최초로 여성 대통령 후보가 된 힐러리 클린턴(2009년~2013년)이다.

　그런데 그들에겐 별명이 하나씩 붙어 있다. 올브라이트를 '브로치 외교관', 라이스를 '피아노 외교관' 그리고 힐러리를 흔히 '패션 외교관'으로 불렀다. 그 이유는 그들이 가지고 있는 장점 중 하나인 디테일한 특징을 활용해 감성적이면서도 경직되지 않은 외교 스타일을 창출했기 때문이다.

　그중 4년 임기 동안 특히 주목을 받은 사람은 힐러리 국무장관이었다. 당시 국무부 직원들도 '힐러리 전 국무장관은 로널드 레이건 행정부 시절의 조지 슐츠와 함께 가장 뛰어난 국무장관'이라고 손 꼽았다.

흔히 21세기를 여성의 시대라고 한다. 적어도 미국 외교가의 경우에는 이 말이 맞는 것 같다. 사실 힐러리가 외교적으로 성공할 수 있었던 가장 큰 이유는 그가 지닌 타고난 친화력과 여성적인 매력 덕분이다. 이 말에 이의를 제기하는 사람은 거의 없다.

힐러리는 그 특유의 친화력과 여성적 매력 외에도 감성적이면서 섬세한 성품 그리고 변화를 기다릴 줄 아는 인내력을 보여주었는데, 이는 외교관 자질 중에서도 단연 돋보이는 필수 요소라고 할 수 있다.

그러한 요소들은 그로 하여금 미국을 대표하는 여성 외교관 지위에 오르도록 했으며, 그는 미국의 국익을 위해 독보적인 역할을 오롯이 감당했다.

지금 세계의 외교무대에는 '여풍女風'이 불고 있다. 전 세계에서 정부나 국제기구를 이끌어 나가는 여성 지도자들이 무려 35명이 넘는다. 지구촌 곳곳에서 많은 여성들이 막강한 우먼파워를 발휘하며 새 역사의 장을 열어나가고 있는 것이다.

'여성 바람'은 불꽃 튀는 외교전을 벌이는 워싱턴에도 드세다. 미 국무부 고위층에 힐러리 클린턴 장관을 비롯한 여성 관리들이 많기 때문인지 여성 주미 대사가 20여 년 전에 비해 무려 여섯 배나 될 정도로 늘었다.

이에 대해 〈워싱턴 포스트〉는 단연 '힐러리 효과Hillary effect' 때문이라고 하면서, 힐러리의 존재가 너무나 또렷해서 각국 대통령들이 워싱턴에 보낼 대사로 여성을 발탁하는 일이 많아졌다고 보도하기도 했다.

여성 외교가가 많아진 이유는 세계 각국의 정치문화가 진보적으로 변화되어서 그럴 수도 있겠지만, 여성 대사를 파견하면 미국의 관계를 강화하는 데 조금은 유리할 것이라는 생각과 함께 보다 의식이 깨어 있는 나라로 인정받는 분위기도 한몫 했을 것이다. 그러나 무엇보다도 힐러리 미 국무장관의 영향이 컸다는 것이 많은 정치가들의 공통적인 분석이다.

이런 점으로만 미루어 보아도 힐러리가 퍼스트레이디였을 때나, 대선후보가 되겠다고 나섰을 때나, 국무장관이었을 때나 여성 외교관들의 역할모델이 되고 있는 것은 그 누구도 부인할 수 없는 사실이다.

게다가 퍼스트레이디 시절부터 여성 인권 옹호자로 활약했던 힐러리는 국무부 산하 대외기관 수장의 32%를 여성으로 채웠는데, 상황이 이러하니 '힐러리 효과'라는 말이 나올 만도 하다.

어쨌거나 미국뿐만 아니라 세계에서 가장 뛰어난 여성 외교가가 힐러리라는 사실이 입증된 것이다.

힐러리는 역대 미 국무장관 가운데 가장 많은 나라를 방문했는데, 방문한 나라가 무려 120여 개국이나 된다. 그리고 무려 160만Km(지구의 35바퀴)를 다니며 수많은 국가 수장들을 만났다.

이에 대해 일부 외교 전문가들은 그저 오바마의 정책을 충실히 수행한 '훌륭한 팀플레이'라며 무난한 점수를 주었지만, 공화당으로부터는 '정작 해놓은 일은 별로 없다.'는 비난을 끊임없이 받기도 했다.

하지만 미국 아메리카 대학교 여성 정치연구소 설립자인 캐런 오코너 교수는 "힐러리 장관은 구체적인 외교에서도 많은 성과를 거두었지만, 오바마 행정부의 일원으로서 적재적소에서 맡은 바 역할을 충실히 했다는 데 큰 의미를 두는 것이 더 중요하다."며 그의 업적을 상당히 높게 평가했었다.

그의 외교 업적에 대한 평가는 이렇듯 확실히 엇갈리는 부분들이 적지 않다. 하지만 그는 분명 변화하는 세계에 적응하는 스마트 외교를 펼쳤으며, 여성과 인권 등 인도적인 어젠다를 부각시킴으로써 역대 가장 위대한 국무장관이라는 찬사 또한 수없이 들었다.

특히 그는 세계 평화를 위해 수많은 나라와 협력 체제를 갖춰 나갔다. 실제로 오바마가 힐러리를 국무장관으로 임명한 것은 힐러리의 명성과 신뢰도 정도라면 미국의 동맹국들과 관계를 회복하는 것은 물론이고 적대국과도 협상을 잘할 수 있으리라는 확실한 믿음 때문이었다.

사실 조지 부시 행정부가 남긴 부채 때문에 힐러리의 외교적인 운신의 폭은 상당 부분 좁아져 있었다. 하지만 힐러리는 부시 정권 중에 일어난 이라크와 아프가니스탄 전쟁으로 인해 전 세계에 심어진 부정적인 이미지를 희석시키고 다시금 세계 곳곳에서 미국의 지도력을 복구시키기 위해 백방으로 노력했다.

그는 과감하면서도 탁월한 외교력을 발휘하여 이란의 핵활동과 관련해서 보다 강경한 제재를 가할 것을 호소하는가 하면, 이스라엘을 보호하기 위해 가자 지구에서 휴전을 직접 중개하는 등으로 힘껏 뛰었다. 그 결과 세계를 안정시키는 데도 일정 부분 공헌했으며, 미국의 국가적 위상을 높이는 데도 일조했다.

사실 힐러리의 업적은 보이는 것보다 보이지 않는 외교적 성과가 훨씬 더 많다. 이와 관련하여 힐러리 클린턴 장관 시절에 국무부 정책국장이었던 앤 마리 스로우터 프린스턴 교수는 이렇게 회고했다.

"클린턴 장관이 실제 현실과 동떨어져 보이는 외교 분야에서 반대쪽 사람들의 목소리를 끌고 들어왔다는 점과 전 세계 많은 여성들이나 어린이들에게 엄청난 영감을 심어주었던 것은 실로 대단한 성과였습니다."

탁월한 식견과 외교력으로, 북한 핵 문제와 관련하여 주변국과 이견 조율 중심을 할 때도 늘 힐러리가 있었다. 독일 메르켈 총리는 힐러리에 대해 "나는 그의 오랜 정치 역정, 여성 권한·가족·의료 제도에 대한 입장을 존중한다. 뿐만 아니라 그가 전략적 사고를 하고 유럽 등 대서양 국가들과의 협력관계를 지지하는 것도 존중한다. 힐러리 클린턴과 일하는 것은 언제나 큰 즐거움이었다."고 우호적인 감정을 비쳤다.

그렇다. 그는 세계 어느 나라를 방문해도 그 나라에 필요한 해법을 제시함으로써 공감대를 얻는 초당적 외교를 했다. 특히 북한과의 관계에서 포괄적으로 타결하는 방법에 익숙한 한국 국민들에게도 늘 편이 되어 주었으며, 일본 위안부 문제를 두고도 미국의 모든 문서와 성명에 '위안부comfort women'라고 쓰지 말고 반드시 '강제적인 성노예enforced sex slaves'라는 표현을 쓰라고 지시하며, 그 어떤 정치인들보다도 한국을 두둔하는 입장을 보였다.

그는 한미 동맹과 양국 경제협력의 중요성을 그 누구보다도 심도 있게 이해하고 있을 뿐만 아니라, 북한 핵문제를 비롯하여 전반적인 한반도 현안까지 정확히 꿰뚫어보고 있는 유일한 여성 정치인이다.

특히 그가 퍼스트레이디가 되었을 때 첫 번째로 방문한 나라가 한국이었다. 또한 2009년 국무장관 취임 후에도 가장 먼저 한국을 방문했으며, 재임기간 동안 한국을 무려 다섯 번이나 방문할 정도로 관심이 각별하다.

지난 1월에 있었던 북한의 4차 핵실험 후에 그는 이렇게 말했다.

"세계를 협박하려는 북한의 깡패 짓에 우리는 결코 굴복할 수 없으며, 북한을 고립시키고 차단하는 데 모든 조치를 강구해 나갈 것입니다."

오바마 행정부가 북한의 핵실험에 일일이 반응하지 않겠다며 '전략적 인내'만을 구사하는 것과는 대응 방식이 확연히 달랐다. 그는 압박과 차단으로 적극적인 대응을 하겠다는 것이었다. 실제로 그는 북한 문제를 다루어본 경험이 아주 풍부하다.

오바마 행정부의 1기 국무장관을 거치면서 북한의 핵개발 특급 정보를 상세히 보고받고 대북정책을 총괄 지휘하기도 했었다. 그리고 8년간의 상원의원 시절에도 외교위원회 소속으로 활동하면서 풍부한 경험을 쌓았으며, 제네바 핵 협상 타결 때도 백악관에서 숨죽이며 그 상황을 지켜보았다.

앞에서도 말했지만 국무장관을 역임하면서 120여 개국 이상을 방문한 그는 각국의 지도자급 인사들을 만나면 미국의 미래상과 정책 방향을 피력하고 논의하는 일을 누구보다도 열심히 했다.

힐러리를 보좌했던 국무부 직원 세일렌의 말을 들어보면 그가 얼마나 열정적으로 일을 하는 사람인지가 여실히 드러난다.

"60대 중반의 여성이 거의 하루도 쉬지 않고 그 많은 나라들을 방문한다는 것은 살인적인 스케줄입니다. 대통령과 행정부의 지시대로 해외 강행군을 하려면 엄청난 스태미나가 필요했기에 힐러리 장관은 해외에 나갈 때마다 매운 고추를 한가득 가져가곤 했습니다. 평소에도 다양한 종류의 핫소스를 즐기는 그는 식사 때마다 핸드백에서 고추를 꺼내 먹으며 힘을 내곤 했었습니다. 뿐만 아니라 조국을 위한 그의 사명감과 야망은 실로 대단했으며, 국정 업무에 대한 강한 집착은 그 누구도 말릴 수가 없었습니다."

오죽했으면 그가 퇴임식에서 "우선 나는 20년간 부족했던 잠을 실컷 자고 싶다."고 했을까. 건강과 체력이 뒷받침되지 않으면 아무나 할 수 없는 일을 그는 여태껏 해낸 것이다.

그는 남성의 영역으로 여겨졌던 외교관의 세계에서 여풍女風의 힘을 여실히 증명해 보임은 물론, 국제무대에서 영향력을 행사하는 리더로서의 모습을 유감없이 보여주었다.

흔히들 외교는 총성 없는 전쟁이라고 한다. 사실 외교의 목적은 매우 단순하지만, 긴장의 연속이다. 매순간 전쟁과 같은 긴장된 국제 외교무대에서 자신의 국가 이익을 구현해 나가야 하기 때문이다. 중요한 타협과 협상의 과정에서 나름의 전략을 구사하여 유리하게 만들 수 있는 외교관의 자질이 갖춰지지 않으면 감당하기 힘든 일인 것이다. 결국 사람이 관건이다.

힐러리에게는 사람을 끌어당기는 아주 묘한 매력이 있다. 그리고 기품이 있다. 거기에다 고급스럽고 뛰어난 언변력과 흡입력 있는 화법으로 대중을 매료시키는 세계에서 몇 안 되는 여성 정치인이다.

8년간의 퍼스트레이디와 역시 8년간의 상원의원, 그리고 4년간의 국무장관을 역임했던 힐러리는 백악관에서의 역할이나 의원으로서의 역할뿐만 아니라 세계 최고의 여성 외교관 역할도 뛰어나게 수행했던 것이다.

오바마가 대통령이 되었을 때 새 정부의 첫 국무장관으로 힐러리를 지명한 것도 그의 뛰어난 국정수행 능력과 외교 능력을 높이 평가했기 때문이고, 2009년 상원의 장관직 후보자 인사 청문위원회에서 무려 16:1이라는 압도적인 표 차로 통과한 것도 같은 이유에서이다.

그리고 7년이 지난 후의 결실은 더 아름다웠다. 오바마 대통령은 지난 6월 백악관 주최로 열린 '여성들의 미국 서밋'에 참석하여 힐러리가 미국 주요 정당의 최초 여성 대선후보로 확정된 것을 언급하며, "그는 무엇이 가능한지에 대한 우리 아들딸들의 기대치를 높인 유일한 여성 정치인이다."라고 치켜 올렸다.

힐러리! 그의 강한 신념과 열정은 그를 미국 여성 정치인의 대명사로 불리게 만들었고, 자신의 꿈을 이루고자 하는 야망과 뛰어난 조정자의 역할은 그를 세계적인 정치 지도자로 발돋움하게 만들었다.

그 점에 대해 국무부의 한 고위관리는 이렇게 말했다.

"힐러리는 국무장관이나 상원의원으로서, 외교를 펼칠 때에도 단 한 번도 스포트라이트를 좇아가지 않았습니다. 그는 언제나 전면에 나서기보다 거의 조정자의 역할을 맡았습니다. 물론 힐러리의 성격상으로는 쉽지 않은 일이었을 것입니다. 하지만 그렇게 했더니 스포트라이트가 자연히 그를 따라다녔던 것입니다."

우리가 힐러리를 뛰어난 외교가라고 부르는 것은 그를 통해 미국의 대내외 정책과 정치 · 경제 · 문화는 물론이고 세계정세를 읽을 수 있기 때문이다. 또한 그의 풍부한 경험을 통해 세상을 바라보는 통찰력과 소통의 리더십이 무엇인지를 알 수 있기 때문이다.

23

비록 완벽하지 않지만, 모든 여성의 롤 모델

많은 사람들이 힐러리 클린턴에게 열광하는 이유는 무엇일까?

2014년 6월 어느 날 오전 10시, 미국 버지니아 주 알링턴 지역에 있는 코스트코Costco 대형마트 주차장은 아이돌 가수 공연장을 방불케 했다. 힐러리 클린턴 전 국무장관이 발간한 회고록 ≪힘든 선택들Hard Choices≫ 사인회를 연다는 소식을 듣고 몰려든 인파들 때문이었다. 간이의자까지 준비해 온 사람들로 붐비기 시작하더니, 순식간에 끝이 보이지 않는 줄이 늘어서기 시작했다. 그야말로 차기 대권에 도전한 힐러리의 인기를 실감하는 날이었다.

백인 여성들이 가장 많았다. 하지만 아시아계와 흑인들도 상당수였다. 멀리 펜실베이니아 주에서 딸과 함께 왔다는 린다 스튜어트에게 '힐러리가 왜 좋으냐?'고 묻자, "한마디로 멋져요! 미국 최초의 여성 대통령이 될 거예요."라고 대답했다. 워싱턴에서 남편과 함께

왔다는 한 할머니는 '힐러리의 어떤 면이 좋으냐?' 는 질문이 끝나기도 전에 "나는 힐러리가 무조건 좋아요. 그냥 다 좋아요. 특히 경험과 능력이 풍부해서 좋아요."라고 말했다. 그러자 옆에 있던 할머니의 남편이 "힐러리는 역대 어떠한 남성 대통령보다 나은 여성 대통령이 될 거예요."라고 얼른 거들었다. 버지니아에서 온 칼라일이라는 남성에게도 물었다. 역시 한 치의 망설임도 없이 "나는 남자이지만, 그는 내 인생의 롤 모델이다."라고 대답했다.

줄은 코스트코 매장 안으로 구불구불 끝없이 이어졌다. 너무나 많은 인파에 안내원들은 순서번호가 적힌 종이 팔찌를 일일이 나누어 주어야만 했다.

오전 11시가 되자 푸른색 바지에 향기가 날 것 같은 연둣빛 슈트를 입은 힐러리 클린턴 전 장관이 나타났다. 그리고 그는 아주 씩씩하게 말했다.

"자, 이제 우리 모두 힘차게 시작해 봅시다!"

그러자 운집해 있던 수많은 사람들이 우레와 같은 함성과 박수로 환영했다. 마치 할리우드 스타라도 만난 듯 여기저기서 휴대전화를 꺼내어 사진을 찍기에 여념이 없었다.

할리우드에도 힐러리를 좋아하는 스타들이 얼마나 많은지 모른다. 영화배우 리처드 기어, 조지 클루니, 톰 행크스, 벤 애플렉, 레오나르도 디카프리오, 맷 데이먼, 더스틴 호프만, 제니퍼 로페즈, 에바

롱고리아, 로버트 드니로, 제시카 알바, 메릴 스트립, 토니 골드윈, 엘리자베스 뱅크스, 가수 스티비 원더, 머라이어 캐리, 케이티 페리, 바바라 스트라이샌드, 폴 사이먼, 레니 크라비츠, 스팅, 거장 스티븐 스필버그 감독, 빌 게이츠, 오프라 윈프리 등 그야말로 수많은 할리우드 스타들과 쟁쟁한 인사들이 즐비하다. 이들 모두가 다 힐러리를 끔찍이 사랑하는 스타들이다.

첫 번째로 힐러리의 책 사인을 받은 사람은 파테마라는 여성 변호사였다. 자신도 변호사로서 변호사 출신 대통령 후보인 힐러리에게 첫 번째 사인을 받는 영광을 차지하기 위해 전날 밤부터 매장 입구에서 텐트를 치고 잠을 잤다고 했다.

사인회가 시작된 지 두 시간여 지났을 때쯤이었다. 참모들의 안내로 간편한 티셔츠 차림에 샌들을 신은 한 여성이 힐러리에게 다가왔다. 미국 최초의 히스패닉계 연방 대법관 소니아 소토마요르였다. 자그마한 체구의 소토마요르 대법관은 "오전에 쇼핑하러 왔다가 북 사인회가 있다는 소식을 우연히 들었다."고 했다. 이에 놀란 힐러리도 "이런 곳에서 당신을 만나다니 정말 반갑군요."라며 반색을 했다. 이날 힐러리는 북 사인회에서 3시간 동안 무려 1,200명에게 직접 사인을 해주었다.

〈워싱턴 포스트〉는 성황을 이룬 북 사인회 소식을 전한 뒤 '2016년 미 대선을 앞두고 힐러리가 워싱턴으로 가는 길의 첫 단추를 아주 잘 끼웠다.'고 크게 보도했다.

힐러리가 국무장관으로 일할 때 자카르타를 방문한 적이 있었다. 수천 명의 사람들이 그의 얼굴을 먼발치에서라도 한번 보려고 아침 일찍부터 구름떼처럼 몰려들었다. 이를 본 미국의 기자가 "왜 힐러리를 보려고 하느냐?"고 물었다. 그러자 대답 대신 "그는 전 세계에서 가장 유명한 여성이다. 그의 얼굴을 보고 싶지 않을 사람이 어디 있겠느냐?"는 반문이 돌아왔다.

전 세계의 어디를 가든 사람을 몰고 다니는 힐러리는 그야말로 아이돌 같은 여성으로, 세상의 모든 남녀를 통틀어서 가장 닮고 싶은 여자가 된 것이다.

〈워싱턴 포스트〉는 힐러리의 인기에 대해 이렇게 말하기도 했다.

'힐러리는 정치인보다는 연예인에 가까울 정도로 인지도가 높으며, 모든 미국인이 싫어하든 좋아하든 그를 알고 있다.'

정치인으로서의 입지뿐만 아니라, 그의 행보가 세상 곳곳에서 관심을 불러일으키고 있다는 말이다.

사실 힐러리는 실제에 비해 훨씬 더 화려하게 포장되어지고 과장되어져서 항상 세인들의 입방아에 오르내리곤 했었다. 그러다 보니 그에 대한 평가도 조금씩 엇갈려서, 개인적으로 동의할 수 없는 점도 있을 것이다. 하지만 그럼에도 불구하고 존경하고 동경해도 좋을 정도로 그의 인생에는 드라마틱하면서도 교훈적인 요소들이 충분히 넘쳐난다.

물론 힐러리의 삶도 오직 성공으로만 이어졌던 것은 아니다. 그의 성공 뒤로 실패라는 그림자가 간단없이 어른거렸다. 하지만 그는 언제나 당당했다. 실패도 성공의 원인이라고 생각하며 조금도 부끄러워하거나 후회하지 않았던 것이다.

"힐러리 클린턴 장관은 나의 최고 '롤 모델' 입니다."

2012년 3월 8일에 미국 워싱턴 국무부 청사의 딘 애치슨 강당에서 '세계 여성의 날' 행사가 열렸을 때, 찬조연사로 초청된 오바마 대통령의 부인 미셸 오바마 여사가 힐러리를 두고 한 말이다.

그 자리에서 그는 "클린턴 장관은 참으로 뛰어난 국무장관입니다." 그리고 그는 "다시 한 번 더 말해도 될까요? 그는 참으로 훌륭한 장관입니다."라고 거듭 힘주어 말했다. 이어 힐러리 장관을 향해 웃으면서 "여러 가지 측면에서 그는 늘 나의 롤 모델이었습니다."라고 다시 한 번 더 자신을 낮추기까지 한 것이다.

"클린턴 장관이 지금까지 이룬 것에 비하면 내가 성취할 수 있었던 것은 아주 작은 부분이었습니다."

극찬도 이런 극찬이 없었다. 그것도 현역 대통령 부인이 말이다.

급기야는 민주당 전당대회 첫날에도 미셸 오바마는 연사로 나서서 "나는 오랫동안 그를 지켜 보아왔습니다. 그는 평생을 아이들과 다음 세대를 위해 헌신해 왔습니다. 그만이 미국의 대통령직을 수행할 수 있는 적임자임을 확실히 믿습니다. 그는 국가를 위해서 자신의 임무를 피하지 않고 아주 훌륭하게 완수해 온 유일한 여성 정치인이었습니다."라고 찬사를 아끼지 않았다.

13년간 연속해서 '미국인이 가장 존경하는 여성' 1위로 선정된 것과 더불어 2011년에는 〈포브스〉와 미국 〈타임〉지가 선정한 '세계에서 가장 영향력 있는 여성', 2012년에는 〈포브스〉에서 선정한 '올해를 빛낸 가장 매력적인 여성 12명'에도 이름이 올랐다.

　보다 높은 목표를 위해 뛰고 있는 여성들의 롤 모델 힐러리!

　선구자나 개척자의 이미지가 아닌 섬세한 여성성으로 이런 명예들을 안았기에 더욱 대단하게 느껴진다. 그렇기에 그에 대한 상징적인 의미는 실로 더 클 수밖에 없는 것이다.

　세상의 변화를 이끌어내고 싶은 마음이 누구보다도 강했던 그는 어릴 적부터 정치가가 되길 꿈꾸었으며, 자신의 꿈을 다른 사람에게 의지하지 않고 자기 스스로 만들어가기 위해서 주체적인 삶의 태도와 창조적 의지를 포기하지 않았다.

　이러한 삶의 태도가 그로 하여금 퍼스트레이디의 자리에 머무르지 않고 세계 여성의 리더가 될 수 있게 만든 것이 아닐까 싶다.

　그렇다면 우리는 어떻게 살아야 할까? 그것은 아주 간단하다. 아름답고 가치 있는 흔적들을 남기기 위해 일상생활을 성실하게 해나가는 것이다.

　현명한 아내나 듬직한 남편이 되는 것도 가치 있는 흔적을 남기는 일이며, 지혜로운 부모가 되는 것도 멋진 족적을 남기는 일이다. 그런가 하면 지금 자신이 일하는 곳에서 깨어 있는 의식으로 최선을 다하는 것 또한 사회인으로서 아름다운 흔적을 남기는 일이다.

　또한 어느 곳에서 무엇을 하든 삶의 향기가 풍기도록 노력해야 하는데, 그러기 위해서는 삶에 대한 분명한 지향점이 있어야 한다. 그 지향점이 바로 아름다운 흔적들을 만들어 나가도록 해주는 원동력이 되기 때문이다.

　혹여 우리 삶에 폭풍우가 몰아치더라도, 힐러리가 그랬던 것처럼 포기하지 않는 집념으로 올바른 삶의 태도를 유지한다면 우리도 멋있는 삶의 흔적을 남길 수 있지 않겠는가.

　따라서 우리가 지나온 자리에 보다 아름답고 가치 있는 흔적을 남기려면 지난 실패를 두려워하지 말고, 새로운 미래를 위해 도전해야 할 것이다.

Part 6

멈추지 말고,
꿈을 향해 달려가라

24

자신을 이기는 힘을 키워라

2007년 민주당의 대선 예비주자 중에서 가장 강력하게 거론되었던 후보는 단연 힐러리 클린턴이었다. 퍼스트레이디이자 상원의원으로, 그리고 클린턴 대통령 가의 막강한 조직력과 자금력이 뒷받침된 그가 대선후보가 되는 데는 문제가 전혀 없어 보였다. 대통령 후보 경선이 시작되기 직전에 실시된 조사에서도 힐러리의 지지도는 민주당 안에서 여전히 1위였다.

하지만 2008년 1월에 실시된 민주당의 첫 경선지 아이오와 주에서 힐러리는 오바마에게 예상 밖의 충격적인 패배를 당하고 말았다. 천문학적인 액수를 쏟아 붓고도 여론조사와 다른 경선 결과가 나타난 것이다.

힐러리는 일시적 현상으로 여기려 했지만 이후 경선에서 서로가 엎치락뒤치락하며 오바마의 승리가 지속되었다. 특히 유색인종과 젊은층 그리고 선거에서 가장 큰 변수로 떠오르는 무당층의 상당수가 오바마에게 표를 던진 것으로 나타났다. 특히 힐러리의 주요 지지 기반이었던 여성 표의 절반도 오바마가 가져가버렸다. 힐러리의 뼈아픈 패배였다.

사실 당시 오바마의 경력이나 경륜, 그리고 준비된 정책이나 당내 권력은 힐러리 클린턴 후보와는 비교되지 않을 정도로 빈약했다. 오바마는 중앙 정치무대 경력이 만 3년도 채 안 되는, 어쩌면 워싱턴 D.C. 의회 내 건물 위치도 잘 모르는 사실상 신인 정치인이었던 것이다.

하지만 눈앞에 다가왔던 힐러리의 꿈은 혜성같이 나타난 오바마라는 정치 신인에 의해 산산조각 났으며, 18년간의 정치 인생도 바람으로 사라질 위기에 봉착했다. 결국 힐러리는 이날 17개월 동안 진행됐던 선거활동을 중단하고 경선 패배를 공식 선언했다.

2008년 6월, 미국 역사상 최초의 여성 대통령이 되기 위해 펼쳤던 대장정의 꿈을 허망하게 접은 힐러리는 민주당의 대통령 후보로 사실상 확정된 오바마에 대한 지지를 공식 선언했다. 지저분하지 않았다. 경선 룰이 어쩌니 하고 토를 달지도 않았다. 깨끗하게 승복한 것이다.

그리고 워싱턴 D.C. 국립 빌딩박물관을 가득 메운 수천 명의 지지자들을 향해 민주당의 정권 교체를 위해 오바마를 지지해 줄 것을 호소했다.

"비록 우리가 이번에는 가장 높고 가장 단단한 유리천장을 부수지 못했지만, 1,800만 개의 균열을 냈습니다."

이에 수많은 힐러리 지지자들은 감정이 복받쳐 울음을 터뜨렸다. 힐러리 또한 선거 지원에 나선 남편 빌 클린턴과 딸 첼시에게 감사의 마음을 표시하며 눈물을 보였다.

비록 오바마를 이기지는 못했지만 안타까워하진 않았다. 오히려 시작부터 힘들었던 수많은 과정들 속에서 자신이 해냈던 부분들을 생각하며 긍정적으로 받아들이는 그의 모습은 눈부시게 아름다웠다. 먼 미래를 위해 앞으로 자신이 무엇을 더 해야 하는지 그리고 어떻게 생각해야 하는지를 이미 아는 것 같은 그의 모습을 보며, 그가 얼마나 자신을 이겨나가는 힘이 강한 여성인지를 짐작할 수 있었다.

비록 결과가 영광스럽지 못하더라도 자신이 이뤄낸 과정을 통해 또다시, 그리고 또 다른 미래를 설계하고 긍정적으로 받아들이는 모습은 수많은 당원들과 2억의 시청자들이 전율을 느끼기에 충분했다.

신명을 바쳐 치룬 일생일대의 치열한 경쟁의 결과 앞에서 그가 던진 메시지는 간결했다. 그것은 자기 내면의 뜨거운 외침으로, 자신을 믿고 이기는 힘과 또다시 할 수 있다는 확신이 있다는 것이었다.

사람이란 그렇다. 절망의 벽을 마주하면 절망에 빠진다. 그래서 그 절망의 벽 앞에서 주저앉아 눈물만 흘리는 사람도 적지 않다. 하지만 힐러리는 그 운명의 벽을 만났을 때 맞설 줄 아는 사람이었다. 자기 자신을 이길 수 있다는 강한 확신을 가지고 있었던 것이다. 그리고 보란 듯이 자신을 이겨냈다.

이번 2016년 대선에서 미국의 거의 모든 언론들은 선거 당일까지도 힐러리가 승리할 확률이 90% 이상이라고 점쳤었다. 하지만 상상치도 못했던 이변이 일어나고 말았다. 득표율에서는 앞섰지만 선거인단 수에서 패하고 만 것이다.

미국뿐만 아니라 전 세계가 충격의 도가니에 빠져버렸다. 민주당을 지지하던 유권자들은 울분을 토하며 힐러리를 외쳐댔다. 2020년에 다시 나오라고 말이다.

당사자인 힐러리는 얼마나 충격이 컸던지 미국 선거 사상 처음으로 선거 패배 연설 자리에 나오지 못했다. 너무나도 크고 엄청난 충격에 도저히 연설을 할 수 있는 몸 상태가 아니었기 때문이었다.

하지만 다음 날 오전에 깨끗하게 승복하는 연설을 한 후 남편 빌 클린턴과 함께 산책하며 패배의 아픔을 치유하기 시작했다. 그리고 거기서 만난 주민 제스터와 밝은 대화를 나누었다. 함께 찍은 사진이 제스터의 페이스북에 올라왔는데, 한손에 반려견의 목줄을 잡고 있는 힐러리의 표정은 의외로 밝아 보였다. 사진은 빌 클린턴이 찍어줬다고 제스터가 페이스북에 올린 글에서 밝혔다.

보통사람들 같으면 충격에서 헤어 나오지 못해 밤잠도 자지 못하기 십상이련만, 역시 힐러리는 강했다.

자신을 이기는 힘을 키워 나가는 사람은 어떤 운명이 닥쳐와도 두려워하지 않는다.

힐러리! 그는 평생에 걸쳐 자신을 이기는 힘을 키웠고, 그것을 위한 훈련에 게으르지 않았던 여성이었다.

그렇다! 큰사람이 되려면 무엇보다도 자신을 이길 줄 아는 힘을 키워야 한다. 큰사람다운 관대함과 어떠한 상황 속에서도 흔들리지 않는 자신에 대한 믿음을 가져야 하는 것이다.

인생은 결국 자기 자신과의 싸움이다. 세상에서 가장 강한 사람은 상대방을 이기는 사람이 아니라 자신을 이기는 사람이다.

세상에는 이겨야 할 상대가 너무 많지만, 그렇다고 70억의 타인과 다 싸울 필요는 없다. 단 한 사람, 자기 자신을 이기는 힘만 키우면 되는 것이다.

25

끊임없이 자기계발을 해라

힐러리는 현실에 안주하는 스타일이 아니다. 끊임없이 새로운 비전을 제시하기 위해 노력하는 자기계발형 리더이다. 자기계발형 리더란 스스로 힘을 키우고 가다듬으면서 쉬지 않고 배워 나가는 리더를 말한다.

힐러리는 총명했던 소녀 시절을 지나 유능한 변호사로 활약하는가 하면 막강한 관료직을 거쳤다. 그리고 영부인이 되었으며, 대통령을 현명하게 내조하는 것에 안주하지 않고 자신이 직접 대통령이 되기 위해 마지막 순간까지 노력했다.

그는 자기계발 없이 이루어진 것은 하나도 없음을 확실하게 보여 준 사람이다.

그렇다면 자기계발이란 무엇인가? 쉽게 표현하자면 지금 하고 있는 떡볶이 장사를 500개의 점포를 가진 프랜차이즈 사업으로 바꿀 수 있다는 자신감을 가진 사람으로 변화되는 것이다. 새로운 목표를 설정하고 뼛속까지 바꾸어 나가기 위해 변화와 개혁을 도모하여 성장하는 것, 그것이 자기계발이다.

많은 사람들이 자기계발에 대해 오해하고 있는 부분이 있다. 단지 스펙 쌓는 일을 자기계발로 착각하는 사람들이 있는데, 그것은 경력이나 이력을 쌓는 것이지 진정한 자기계발이 아니다. 진정한 자기계발이란 자신의 노화된 사고방식을 완전히 180도 변화시키는 작업이다.

대부분의 CEO들은 '무조건 자기계발을 꾸준히 하라.'고 말한다. 회사나 개인이 성공의 자리를 지켜 나가려면 '늘 자신의 새로운 사고를 바꾸어 나가는 자기계발에 주력해야 한다.'는 것이다. 그만큼 자기계발이 중요하기 때문이다.

그렇다면 자기계발을 통해 자신을 발전시켜 나가려면 어떻게 해야 하는가?

몇 가지 원칙을 세우고 그것을 지켜야 한다.

1. 하루하루를 가치 있게 보내라

인생이라는 미래를 위해 우리는 무엇을 준비해야 할까?

이에 대한 답은 풍부한 경험을 한 사람만이 내놓을 수 있으므로, 하루하루를 가치 있게 사는 것이 무엇보다 중요하다. TV만 보며 시간을 때우거나 자신에게 게으른 사람은 결코 자기계발을 할 수 없다.

2. 가능하면 같은 목표를 가진 사람들과 만나라

목표가 같으면 그렇지 않은 경우보다 좋은 만남을 이어가는 것이 훨씬 수월하다. 꿈이 서로에게 감염되기 때문이다.

목표가 같으면 서로에게 시너지 효과를 주게 될 확률이 매우 높고, 좋은 만남은 관계를 발전시킨다.

3. 뚜렷한 목표를 설정해라

시간이란 언제까지 우리를 기다려주는 것도 아니고 영원한 것도 아님을 명심해라. 뚜렷한 목표가 있으면 여기저기 기웃거리지 않고 일직선으로 나가게 되므로 보다 시간을 단축해서 목표에 도달할 수 있게 된다. 따라서 지금 당장은 불가능해 보이더라도 일단 목표를 세워라.

목표를 정하지 않으면 우리 인생은 절대로 달라지지 않는다. 중요한 시기에 목표를 정해 놓고 자기계발을 위해 정진한 사람과 뚜렷한 계획 없이 하루하루를 허송세월한 사람의 인생은 하늘과 땅만큼 차이가 날 수밖에 없다.

따라서 실현 가능한 목표를 세우고서 그 목표를 향해 나아가는 것이 무엇보다 중요하다. 그렇게 나아가다 보면 자신감이 붙는 것은 물론이고 늘 자기 자신을 돌아보게 되어, 자신의 꿈에 보다 빨리 도달할 수 있게 되기 때문이다.

4. 타인과 승부할 수 있는 전문기술 하나를 연마해라

한 부분에서 최고의 전문가가 되어라. 이제 세상은 한 사람 한 사람이 전문성을 지닌 스페셜리스트가 될 것을 요구하고 있다. 전문적인 기술을 한 가지 정도 익혀두지 못한다면 앞으로 다가올 치열한 경쟁 시대에서 살아남기가 쉽지 않을 것이다.

한번 해보자는 긍정적인 마음가짐이 자신을 점점 더 크게 성장시킨다는 사실을 명심해라.

5. 무조건 독서를 많이 해라

망망대해의 삶을 헤쳐 나갈 때 한결같이 우리 삶의 지침이 되어주는 것이 하나 있다. 그것은 앞에서 여러 번 언급한 것처럼 바로 책이다. 위대하고 훌륭했던 사람들의 공통점은, 그들 대부분이 수많은 책을 읽었다는 것이다.

세상의 모든 사람들은 성공을 원한다. 적어도 실패하기 위해 살아가는 사람은 없다는 말이다. 삶에 실패하지 않으려면 반드시 해야 할 일이 있는데, 무조건 책을 많이 읽으라는 것이다. 이것은 수많은 사례로 증명된 객관적인 팩트이다.

그중에서도 자기계발서를 많이 읽으면 도움이 되는데, 이때 유의해야 할 점은 자기계발에 대한 절실한 욕구를 갖고 읽어야 한다는 것이다. 그래야만 자신의 삶이 변화할 수 있는 가능성이 커지기 때문이다.

자기계발서의 범위는 실천으로 이어질 수 있는 가능성을 고려하여 읽는 사람이 스스로 정하는 것이 바람직하다.

독서가 자기계발에 도움이 되는 이유는, 단순히 지식만 얻는 것이 아니라 사고력 향상과 함께 문제의식을 갖게 해주기 때문이다.

아무리 컴퓨터와 인터넷이 생활을 지배하는 시대라고 하지만 그것은 무엇인가를 하기 위한 단순한 도구에 지나지 않는다. 물론 편리한 점이 많은 것은 사실이지만, 폭넓은 지식과 교양을 통해 유연한 사고력을 배양하는 데는 독서가 최고다. 한 줄 한 줄의 문장을 읽어 나가는 동안 깊은 의미를 찾을 수 있기 때문이다.

깊은 의미란 무엇일까? '적극적이고 긍정적인 자세'로 내가 변화되어 가는 것을 말한다.

정 시간이 없다면 하루에 단 20분만이라도 책을 읽도록 해라. 그것이 자신의 뇌를 풍성한 상태로 유지시켜 주고 지식의 흐름을 알게 되는 가장 최선의 방법이니까 말이다.

6. 반드시 메모를 해라

독서를 잘하는 비결 중 하나가 메모다.

힐러리가 자기계발을 위해 엄청날 정도로 메모를 한다는 사실을 모르는 사람들이 의외로 많은데, 그는 한마디로 메모광이었다.

"지금도 저는 책을 많이 읽지만 더 중요한 것은 메모였습니다. 메모가 오늘날 나의 중요한 가치를 만들었다고 확신합니다."

책이란 단순히 읽고 끝내는 그런 것이 아니다. 정보나 지식을 자신의 것으로 만들어야만 자신의 삶에 도움이 되는 것이다.

아무리 책을 읽고 그 내용을 충분히 이해했다고 자부하는 사람이라 하더라도 시간이 지나면 많은 내용을 잊어버리기 마련이다. 사람의 뇌는 한 번에 처리할 수 있는 능력과 정보량이 한정되어 있기 때문이다.

더 많은 것을 기억하기 위해서는 어쩔 수가 없다. 메모를 해서라도 뇌의 용량을 늘려야 한다. 한 권의 책도 메모하는 습관에서 탄생되는 것이다.

하버드에서 1979년에 실시한 조사에 의하면 확고한 목표가 설정되었을 때, 그 목표를 적어놓고 일한 사람과 그렇지 않았던 사람 사이의 연봉 격차가 무려 3배나 되었다고 한다. 기억하는 방법을 잊어버리는 어리석은 사람이 되어서는 안 된다.

7. 지금 당장 변화가 없더라도 자신에게 투자해라

자기계발을 위해서는 반드시 시간과 돈을 투자해야 한다.

대부분의 사람들은 어려움을 당하고 나서야 변화가 필요하다는 생각을 한다. 사실 그때는 이미 끝난 게임이다. 회사에서 연구개발비를 책정하듯, 자신을 위해 비용을 투자해야 한다.

먹고 마시고 노는 일을 자제하고, 거기에 드는 시간과 돈을 자기자신을 위해 투자하라는 말이다. 지금 당장 변화가 보이지 않더라도 과감하게 결단하고 투자하면 어느 순간 자신에게 예상치 못했던 더 큰 결과로 돌아올 것이다. 성공한 사람들의 대부분은 오랜 시간 동안 투자하고 공을 들였다는 사실을 결코 잊어서는 안 된다.

8. 나쁜 상황에서도 기대하는 마음을 버리지 마라

자신에게 일어나는 모든 일을 긍정적으로 받아들여라. 어떤 일이 있어도 포기하지 않겠다는 마음가짐이 무엇보다 중요하다.

9. 자신이 얻은 정보와 지식을 활용해라

힐러리는 예일 로스쿨에 다니던 시절, 여름 방학에 알래스카에서 생선 내장 처리 공장에서 일했다. 그의 임무는 생선 내장을 빼내는 것이었는데, 공장장은 생선이 죽은 지 얼마나 됐냐고 계속 물어보는 힐러리가 귀찮아 그를 해고시켜버렸다. 단지 그는 자신이 얻은 정보와 지식을 또 다른 곳에 활용하고 싶었던 것인데 말이다.

힐러리는 해고당한 후 바로 '새로운 직업을 찾았다.'고 쿨하게 대답했다.

10. 옳다고 생각하는 일을 끝까지 밀고 나가라

자신이 반드시 해야 할 일이고 그것이 옳다고 생각된다면, 비록 불가능해 보인다 할지라도 일을 저질러라. 그리고 물리적·정신적인 모든 것을 동원해서 씨름해라. 비록 실패를 하더라도 '단련을 통해' 또 다른 자기계발 방법을 배우게 될 것이다.

옳다고 생각한 일을 시도하지 못하면 최선을 다하지 못했다는 후회를 오래도록 하게 될 것이고, 그 후유증은 평생 동안 우리를 따라

다니며 괴롭힐 것이다.

11. 남들이 기대하는 것보다 더 많이 일해라

현재의 위치에서 더 높은 삶의 위치로 뛰어오르기를 원한다면, 지금보다 최소한 두 배 이상의 가속도를 붙여 더 노력해라.

그래야만 비로소 눈부시게 빛나기 시작하는 자신의 모습을 발견하게 될 것이다.

12. 잠들기 전에 10분 정도 명상을 해라

머릿속에 있는 생각들과 대화하는 시간을 갖는 것이 좋다.

그 시간 속에서 지금 자신에게 닥친 힘든 일이나 좋은 감정들, 그리고 앞으로 자신이 고쳐 나가야 할 일들을 떠올려봐라.

짧은 시간이지만 복잡한 감정들이 정리되어질 뿐만 아니라 미래를 내다볼 수 있는 안목이 생기고, 많은 스트레스에서 가장 빨리 안정을 찾을 수 있게 될 것이다.

자기계발이 우리에게 던져주는 메시지는 불안한 상황을 전제로 하는 경우가 대부분이다. 사람은 불안하면 작든 크든 자신도 모르게 공포심을 갖기 때문이다. 그래서 그 공포심에 자극받아 자기계발에 관심을 갖게 되는 경우가 많은데, 그것은 바람직한 일이 아니다.

자기계발을 하는 것은 어떤 의미에서는 자신의 인생을 거는 일이다. 아니, 책임지는 것이다. 그렇기에 어설픈 자세로 임해서는 안 된다. 자기계발을 결코 가볍게 생각해서는 안 된다는 말이다.

자기계발은 자신의 미래와 가족의 미래를 걸고 자기 자신을 대상으로 치르는 전쟁이라고 생각해야 한다. 죽기 살기의 심정으로 임해야 한다는 말이다. 그래야만 자신이 변화될 수 있을 뿐 아니라 성공을 쟁취할 가능성이 커지기 때문이다.

우리 삶은 천하와도 바꿀 수 없을 만큼 귀한 것이다. 그렇기에 매 순간 목숨 걸고 치열하게 살아야만 한다. 그런데 우리는 이토록 귀한 삶을 어떻게 살고 있는가?

지금 이 순간을 어떻게 보내느냐에 따라 우리 삶의 방향이 달라진다. 이 순간을 어떤 목표도 없이 헛되게 보낼 것인지, 아니면 가능성을 믿고 자기계발을 해야 할지는 스스로 결정하는 것이다. 분명한 것은, 능동적이면서 주체적인 삶의 자세가 자신을 가장 가치 있게 만들어준다는 사실이다.

힐러리가 살아온 시절만 해도, 한 사람의 여성이 존재 가치를 드러내는 데 장애가 되는 요소가 적지 않았다. 지금의 우리가 생각하는 것보다 훨씬 더 크고 높은 벽이 가로막고 있었는데, 힐러리는 이러한 장애에 굴복하지 않고 이를 극복하기 위해 꾸준히 자기 자신을 계발해 나갔다. 그리고 포기하거나 주저앉지 않고 자신의 꿈을 향해 열정적으로 달려갔다.

우리도 자신이 해야 할 일이 무엇인지, 주어진 상황에서 더 나은

삶을 살기 위해 어떻게 해야 하는지를 돌아보고, 힐러리의 방식을
벤치마킹해 보면 어떨까. 힐러리가 자신의 롤 모델들을 통해 많은
것을 배웠던 것처럼 말이다.

26

시련은 잠깐 지나가는 터널일 뿐이다

철의 여인으로 불리는 힐러리는 2008년 어느 날, 대선에서 승리한 오바마 당선자가 자신을 국무장관에 등용하고 싶어 한다는 얘기를 전해 들었다.

미국에는 국무총리 제도가 없다. 그리고 외무부라는 부서도 없다. 국무장관이란 우리나라로 치자면 국무총리와 외교부 장관의 두 가지의 역할을 하면서, 미국의 세계 운영 전략을 책임지는 대통령에 이은 실질적인 2인자 자리다. 이러한 막중한 국무장관을 맡아 달라는 것이었다.

하지만 사실 이때는 힐러리가 상당히 힘들어하던 시기였다. 힐러리는 민주당 경선 후반에 콜로라도에서의 패배를 인정하고, 깨끗하게 오바마 지지를 선언했다. 그러면서 이제는 자신이 아닌 오바마를 지지하여 민주당이 강력한 미국을 이끌어 나가야 될 때라고 호소했다.

패배를 인정하고 오바마 지지를 표명하긴 했지만, 사실 이 무렵의 힐러리는 오바마에 대해 좋지 않은 감정을 갖고 있었다. 그 이유는 오바마가 민주당 후보로서 경선 캠페인을 벌일 때 "대사들 집에 가서 차나 마시며 담소를 나눈 것이 전부인 힐러리가 어떻게 외교를 알겠느냐."며 힐러리의 외교 경력과 능력을 아주 심하게 깎아내렸기 때문이다.

물론 선거전에서 흔히 일어날 수 있는 일이라 여길 수도 있겠지만, 힐러리와 참모들의 생각은 달랐다. 당시에 참모들은 엄청나게 분노했고, 힐러리 또한 정치적 시련으로 받아들였다. 어쩌면 오바마에게 팽 당하여 정치적 생명이 끝날 수도 있다고 생각되는 상황이었기 때문이다.

이런 상황에서 오바마 당선자가 자신을 국무장관에 등용할 생각이 있다는 얘기를 전해 듣자, 힐러리는 오바마의 최측근인 필리프 라이너스 보좌관에게 이런 내용의 이메일을 보냈다.

"아마 100만 년의 세월이 흘러도 결코 그런 일은 없을 것이다(Not in a million years)."

그리고 얼마 후, 장관직 제의를 거절하기 위해 힐러리가 직접 오바마에게 전화를 걸었다. 하지만 이때 그 전화기 옆에 있었던 오바마는 '힐러리의 국무장관직 거절 전화'라고 직감하고, "나 화장실에 갔다고 해."라고 비서에게 지시하며 통화를 피하기까지 했다고 한다. 이 사실은 라이너스 보좌관이 〈뉴욕타임스〉에 공개한 당시의 비화에서 밝혀졌다.

2008년 11월 13일 목요일 아침, 시카고에 있는 대통령직 인수위원회에 도착한 힐러리에게 오바마 당선자는 서론을 생략하고 바로 본론을 끄집어냈다. 정식으로 국무장관직을 제안했던 것이다. 결국 힐러리는 고민에 고민을 거듭한 끝에 국무장관직 제안을 수락했다. 단, 국무부 인사에 대한 전권을 행사한다는 조건이었다.

힐러리의 측근인 커프리샤 마셜 백악관 의전보좌관은 당시 상황에 대해 이렇게 말했다.

"누가 나라를 위해 봉사해 달라고 요청하면 그는 늘 수락하는 자세로 임한다. 하물며 대통령의 요청인데 어떻게 거절하겠는가."

힐러리는 시카고 교외의 중상층 가정에서 태어나, 빌 클린턴의 훤칠한 외모와 유머 그리고 특유의 낙천적인 성격에 반해 결혼한 후 40년 넘게 그와 정치적 동반자로 살아왔다. 그리고 백악관에서는 대통령의 아내로, 미국 내에서 가장 영향력 있는 변호사로, 상원의원으로, 미 국무장관으로서 많은 것을 이루었다.

그의 이런 이력만 본다면, 그가 인생 전반에 걸쳐 순탄하고 화려하게만 살아왔다고 짐작하기 십상이다. 하지만 그의 인생은 순탄하지만은 않았다. 그리고 화려하지만도 않았다.

남편의 첫 번째 대통령 임기 때 불거졌던 아칸소 주 화이트워터 지역 부동산개발 사기사건, 그리고 두 번째 임기 때 터진 남편의 불륜과 탄핵 파문은 그를 끔찍한 고통과 시련의 폭풍 속으로 몰아넣었다.

순간순간 위기를 극복하면서 걸어온 그의 인생길을 들여다보면 우리의 인생과 별반 다르지 않음을 알 수 있다.

하지만 그는 아무리 큰 위기가 닥쳐와도 일단은 긍정적으로 생각하고 이해하는 스타일이다. 참기 어려울 만큼 힘든 시련 속에서도 자신보다 먼저 주위를 살펴보고 그들을 배려했다.

그가 그렇게 할 수 있는 가장 큰 그 이유는, 시련이 닥치고 어려울 때마다 그의 어머니의 가르침이 삶의 큰 지표가 되었다고 한다.

> "어떠한 상황에서도 마음이 수평을 유지하는 사람이 되십시오. 위기와 시련이 클수록 아무 일도 없었던 것처럼 하던 일을 계속하면서 전진하는 것만이 위기를 극복할 수 있는 유일한 방법이라는 가르침을 받았습니다."

어머니의 이 가르침을 그는 '물의 가르침'이라 했는데, 어떤 혼란한 상황이 닥치더라도 '마음의 수평을 유지하라.'는 뜻이다.

이러한 태도를 취하면 '나의 힘으로 문제를 해결할 수 있다.'는 의지와 주변 사람들에게 '당신은 강한 사람이다.'라는 인상을 줄 수 있는 이점이 있으며, 그럼으로써 스스로를 지킬 수 있는 법을 터득했다고 한다.

"시련이 닥치더라도, 살아남으려면 공격하라는 것이었습니다. 절대로 시련의 희생자는 되지 말라는 것이었습니다."

그리고 그의 어머니가 늘 강조했던 또 다른 하나는 '불의 가르침'인데, '피하지 말고 공격하라.'는 것이다.

이런 가르침 덕분인지 힐러리는 누군가가 우리를 공격하면 어쩔 줄 몰라 하거나 도망치지 말고, 노련한 권투선수처럼 웃는 얼굴로 맞받아치라고 한다. 그로 인해 모든 것이 변할 수도 있고, 그렇게 함으로써 영향력을 키울 수도 있다는 것이다.

2015년부터 끊임없이 제기되었던 '이메일 스캔들'과 전혀 예상하지 못했던 '샌더스 돌풍'은 지지율과 신뢰도의 동반 추락까지 몰고 와 그를 휘청거리게 만들었다. 당내 지지마저 위협받는 상황에서 밀어닥친 혹독한 더위는 끔찍함 자체였고, 그로 인해 참으로 길고 참담한 여름을 보내야만 했다.

특히 그는 '이메일 스캔들'로 인해 지지율의 상당 부분을 잃어버렸다. 마지막엔 공화당 측의 집요하고도 끈질긴 공세에 발목을 잡혀 고전했다. 그리고 수사가 진행되는 동안 경선 레이스를 중단하라는 압박을 수도 없이 받았다. 심지어 공화당에서는 빨리 기소하라며 FBI를 수도 없이 압박했다.

하지만 그는 오히려 그때마다 지혜롭게 극복해 나갔다. 〈NBC〉 '투데이 쇼'의 진행자 매트 라우어가 '공화당원들은 클린턴 전 장관이 이메일 스캔들로 형사 처분을 받고 경선에서 퇴출당할 것을 기대하고 있다.'고 말하며 '이메일 사건'에 대해 질문하자, 그는 이렇게 답변했다.

> "공화당이 원하고 있는 기대는 그들이 얼마나 절박한 상황에 놓여 있는지를 여실히 보여주는 것입니다. 한낱 간절한 희망일 뿐입니다. 하지만 그들의 애절한 소원(Fondest Wishes)은 결코 이루어질 수 없을 것입니다. 공화당 후보들이여, '이메일 스캔들'에 집착하지 말고 눈앞에 놓인 중요한 현안에 더욱더 집중해 주시기를 바랍니다."

이런 상황에서도 힐러리는 공화당원들의 기대는 공상과 희망Fantasy and Hope에 불과한 기우라고 우회적으로 비판하며 지혜롭게 피해 나갔다.

나이트클럽 가수인 제니퍼 플라워스가 당시 아칸소 주지사였던 빌 클린턴과 12년 동안 은밀한 관계를 유지해 왔다고 폭로하거나 르윈스키 스캔들이 터졌을 때도 마찬가지였다. 이 사건은 여자로서도 아내로서도 견디기 힘든 치욕이었지만, 그의 인생 전체에 결정적 타격을 줄 수도 있을 만큼 엄청난 위기와 시련이었다.

그러던 중 1999년 2월 19일에 르윈스키 스캔들과 관련해서 클린턴 대통령에 대한 탄핵안 투표가 미 상원에서 진행되었다. 그런데 이날 투표 결과를 초조하게 기다리고 있을 것 같았던 힐러리의 생각은 다른 곳에 가 있었다. 그는 백악관 안에서 뉴욕 지도를 펼쳐놓고 뉴욕주 연방 상원의원 출마 작업을 준비하고 있었던 것이다.

힐러리는 이 사건을 계기로 오히려 더 빨리 상원의원 도전을 결심했다고 하는데, 결과적으로 그 일은 그를 미국 대통령의 길을 향해 달려가도록 부추긴 이정표가 되어 주었다.

사실 힐러리는 이전까지만 해도 상원의원에 출마할 생각 같은 것은 하지 않았다고 한다. 그러나 르윈스키 사건으로 인해 180도 생각이 변해버린 것이다. 지금도 많은 사람들이 그것을 두고 '남편과의 암묵적인 정치 거래'라고 말하는 것도 바로 그런 이유에서다.

≪힐러리의 삶A Woman in Charge≫의 저자 칼 번스타인은 힐러리에 대해 이렇게 말했다.

"힐러리, 그는 위기와 시련이 닥칠수록 강해지는 스타일이다. 르윈스키 사건이 터지자 클린턴 대통령은 거의 일을 하지 못할 정도로 힘들어했지만 오히려 그는 비상회의를 소집하며 수습 모드에 들어갔다. 그것은 시련을 극복할 만한 냉철한 직관과 판단력이 없으면 불가능한 일이다."

힐러리는 시련을 극복하는 데 그치는 것이 아니라 오히려 시련을 기회로 만들어 나갔고, 패배를 또 다른 도전의 기회로 삼았던 것이다.

스캔들 이후 그의 남편 빌 클린턴은 탄핵재판을 받았고, 아내인 힐러리 또한 미 국민 앞에서 말로 다할 수 없는 굴욕감을 견뎌야

했다.

그러나 그는 그 모든 시련들을 이겨냈고, 연방 상원의원과 국무장관을 거쳐 불가능하게만 보였던 1,800만 개의 유리천장을 깨고서 미 역사상 첫 여성 대통령 후보의 자리에 설 수 있었던 것이다.

극한 상황에서도 스스로를 강하게 만드는 방법을 터득했기에 가능했던 일이 아니었을까……

> "누구나 인생에서 도전에 직면하며 시련을 겪지만, 어느 순간에도 감사할 이유를 찾고 감사하는 마음을 갖고 살아가는 것이 매우 중요합니다. 제가 항상 기억하고 있는 말 중에 하나는 감사의 훈련입니다. 아무리 힘들어도 감사할 것을 스스로 찾아보세요."

언제나 성공적인 삶을 살았을 것 같은 힐러리. 어떤 사람들은 그가 미국의 상류층의 자녀로 태어나 '팔자 좋은 인생만을 살아왔다.'고 말한다.

하지만 그렇지가 않다. 그에게도 우리와 똑같은 위기와 시련이 수도 없이 닥쳤다. 그러나 그는 자신이 생각했던 꿈과 인생을 다른 사람에게 의지하지 않고, 반드시 자기 스스로 만들어갈 수 있다는 주체적인 삶의 태도와 창조적 의지로 헤쳐 나갔다.

남성 중심 사회에서 여성 변호사로 일하며 겪었던 어려움들 속에도, 정치를 하면서 시행착오를 겪었던 숱한 위기와 시련 속에도 그의 힘과 리더십이 고스란히 배어 있다.

종속적이고도 부정적인 상황을 타개하고, 역경에서 기회를 만들어내며 키워가는 그의 특별한 능력과 의지는 가히 감탄할 만하다.

그를 오랫동안 지지해 온 추종자들은 '그는 남편이라는 발판 없이 독자적인 능력으로 발군의 정치가로 뛰어올랐으며, 그러한 명성과 인기를 넘어 최고의 여성 정치가로 군림하게 되었다.'고 강조한다.

"인생을 살아가면서 누구나 피할 수 없는 것은 어려움을 겪는다는 것입니다. 하지만 정말 중요한 것은 어떻게 대응하느냐 하는 것입니다. 그 시련을 극복하는 사람이 있는가 하면 쉽게 포기해버리는 사람이 있습니다. 어려울 때 서로가 서로를 도와주는 좋은 친구들이 많다는 것도 시련을 극복하는 데 큰 힘이 되어 줄 것입니다."

가히 그의 인생은 도전의 연속이었다. 상황적 제약 때문에 비관하거나 시련과 역경 속에서 절망하는 이들, 이제는 힘에 부쳐 더 이상 도전할 수 없다며 포기한 사람들에게 희망과 용기를 주는 말이다.

우리가 살아가면서 맞닥뜨리는 수많은 위기와 시련은 우리 삶의 장애물이 되기 십상이다. 그러나 그 장애물이 걸림돌이 되는 사람도 있지만 그 장애물을 디딤돌로 만들어 나가는 사람도 있다.

매섭게 추운 겨울에 여름 이야기를 아무리 해봐야 아무 소용이 없다. 그저 동화 속 이야기일 뿐이다.

그렇다. 우리 삶에는 아무리 피하려고 애를 써도 피할 수 없는 일이 얼마든지 일어난다. 그렇기에 피하지 못하고 어차피 겪을 수밖에 없는 시련이라면 그것을 받아들여야 한다. 어떤 이들은 피할 수 없는 고통이라면 차라리 그 상태를 즐기라고도 말한다. 인내심을 발휘하여 담담하게 받아들이고, 그 지점에서 해결 방안을 모색하는 것이 현명한 처사라는 말이다.

힐러리가 바로 그런 여인이었다. 그 수많은 고난과 역경, 시련 속에서도 좌절하지 않고, 그때마다 다시 일어났다. 그리고 시련이라는 장애물을 오히려 디딤돌로 바꾸어 나갔다.

어렵고 힘든 고통 속에서도 그의 눈은 힘든 현재 상황에 머무르지 않았다. 그의 동공은 늘 마지막 목표를 향해 열려 있었다. 그는 자신의 의지를 다잡는 유연한 사고를 통해 모든 어려움을 견뎌냈고, 시련이 닥쳐올 때마다 좌절하기보다는 도리어 교훈을 찾는 기지를 발휘했다. 그리고 그 교훈을 또 다른 성공의 징검다리로 활용했다.

그의 모든 승리는 남편의 후광도, 우연도 아니다. 그에게는 비범한 정치적 능력이 있었다. 수많은 좌절과 역경에 굴하지 않는 집념과 의지, 그리고 명료한 판단력이 그를 미국의 최고 여성 정치인의 반열에 올려놓은 것이다.

우리가 살아가는 인생도 그렇다. 누구나 시련을 당한다. 아무리 죽을 것같이 힘들어도 삶에 대한 의지를 갖고 그 아픔을 견디다 보면 우리도 희망을 향해 나아갈 수 있는 기회를 갖게 될 것이다.

그렇기에 우리는 삶의 전선에서 맞닥뜨리는 한계에 굴복하지 말고 마지막 통로를 향해 나아갈 수 있도록 노력해야 한다. 자칫 변화의 소용돌이에 휩싸인 나머지 자기 자신은 물론, 남아 있는 미래마저 모두 잃어버릴 수도 있기 때문이다.

시련은 동굴이 아니다. 터널이다. 아주 잠깐 지나가는 것이다.

우리가 이런 마음가짐으로 살아간다면 괴롭고 고통스러운 질문을 스스로에게 던질 필요도 없다. '왜 하필이면 나에게 이런 일이?' 라는 질문 따위는 필요 없다는 말이다. 순응하면서 살면 모든 어지러운 욕망과 속박에서 해방될 수 있기 때문이다.

그렇다! 어찌 보면 시련이야말로 생명의 원천이고 삶의 에너지이다. 비록 오늘이 힘들지만 내일이 아름다운 이유는 내가 바라는 것들이 내일 거기에 있을 거라고 믿기 때문이다.

어린 시절부터 정치에 관심이 많았고, 책을 좋아하고 토론을 좋아했던 소녀, 자신의 꿈을 향해 달려가는 동안 가끔은 거센 비바람에 흔들리기도 했지만 오히려 더 깊은 뿌리를 내리면서 자신의 신념을 지켜낸 힐러리!

그런 그의 모습을 살펴보다 보면, 수많은 사람들이 그에게 열광하는 이유를 알게 될 것이다.

27

여성, 더 많은 일을 할 수 있다는
확신을 가져라

'힐러리만큼 유능하고 화려한 경력을 가진 여성 정치인이 있을까? 우리 시대에 이런 여성이 탄생하려면 앞으로 100년은 족히 기다려야 할지도 모른다.'

주요 언론들이 수도 없이 언급했던 내용이다.

우리 시대에 가장 주목받게 된 여성 지도자 힐러리 클린턴, 그는 1억7천만 미국 여성 전체뿐만 아니라 세계 37억 여성 집단에게도 실질적인 존재 의미로 다가가는 여인이다.

힐러리는 법률 입안에 주역을 맡은 유일한 퍼스트레이디였다. 그는 변호사 시절 전부터 전국을 돌아다니며 의료교육 개혁을 주창하고, 아동과 여성의 권리와 인권을 위해 무던히 애를 썼다. 분명 보통 여성들과는 확연히 달랐다.

박사 학위를 지닌 그는 퍼스트레이디의 지위를 새롭게 규정함은 물론, 남편이 어려울 때마다 냉철하게 대처해 나감으로써 그의 정치적인 생명을 이어가는 데도 결정적인 역할을 했다. 뿐만 아니라 합리적이고 철저한 분석력과 논리 정연함으로 미국 정계에서도 인정받는 정치가로 발돋움했다.

힐러리가 국무장관 퇴임을 앞두고 〈CBS-TV〉와의 인터뷰에서 처음으로 자신의 집무실을 공개한 적이 있다.

창문 너머로 멀리 백악관이 보이는 힐러리의 집무실은 생각보다 작고 아담했다. 그의 집무실에는 여성 두 명의 사진과 조각상이 보였다. 힐러리는 이들을 자신의 영웅이라고 소개했다. 한 명의 사진은 제32대 퍼스트레이디 엘리너 루스벨트로, 힐러리만큼이나 활발한 정치활동을 벌이면서 많은 찬사와 질타를 한 몸에 받았던 여인이다. 그리고 또 다른 한 명은 아프리카 흑인 여성인데, 임신한 몸으로 바구니를 둘러메고 머리 위에 가득 짐을 지고 있는 조각상이었다.

힐러리는 현대사회에서 '여자'라는 존재가 차지하는 위치가 어디쯤 되는지를 알려주는 것은 물론, 또한 그 인식의 틀을 깨기 위해 자신이 얼마나 노력하고 있는지를 두 여인의 조각상을 통해 수많은 시청자들에게 보여주고 싶었던 듯하다.

수많은 여성들이 힐러리로부터 큰 영감Inspiration을 받는 것은 확고한 '여성 정체성'을 갖고 있기 때문이다.

힐러리는 여성 문제를 일부러 피하거나 적극적으로 나서기를 주저하는 일부 여성 리더들과는 확연히 달랐다. 힐러리는 여성 인권을 언제나 자신의 핵심 철학으로 강조해 왔다. 어쩌면 여권 신장을 위해 정치에 뛰어들고 대통령에 도전했는지도 모른다. 그만큼 그는 여권 신장에 자신의 모든 것을 던진 여성이다. 과거에 장악했던 자신들의 기득권을 지키기 위해 남성들이 여성들의 발전을 가로막는 것을 더 이상 간과할 수 없었기 때문이리라.

한마디로 그는 새로운 여성 리더십의 전형을 실행해 나가고 있는 중이다.

민주당 경선 후보로 거의 확정될 즈음 힐러리는 자신이 대통령에 당선되면 각료의 절반을 여성으로 임명하겠다고 밝히기도 했다.

그는 펜실베이니아 주 필라델피아에서 〈MSNBC〉방송사가 주최한 타운홀 미팅에 참석하여 이렇게 말했다.

"나는 미국을 반영하는 내각을 만들 것입니다. 미국의 50%는 여성입니다. '성 평등 내각'은 확실한 나의 목표일 뿐 아니라, 지금 우리는 남녀 비율이 50:50인 사회에 살고 있습니다. 그러므로 50:50 내각을 만들어 나가는 것은 자연스런 순리입니다."

'성 평등 내각'을 만들 분명한 의향과 명분이 있다는 것이다. 현재 버락 오바마 행정부에서 장관 15명 중 4명(법무부·내무부·상무부·보건복지부)이 여성인 것을 감안하면 전혀 불가능한 일은 아니다.

힐러리를 두고, 이 시대의 위대한 여성 지도자라고 말한다. 하지만 그가 살아온 여정을 따라가 보면, 힐러리는 기존의 여성에 대한 생각들을 깨고 새롭게 다가오는 생각들을 받아들이는 과도기적 시대에서 성장기를 보냈다. 그는 1947년생 돼지띠이다. 미국 나이로 올해 만69세이다. 이 나이의 힐러리는 우리의 어머니 세대이기에, 그 세대에 이렇게 앞선 생각을 가진 점만으로도 그를 두고 '위대한 사람'이라고 말할 만한 이유가 충분하다고 할 수 있을 것이다.

그가 여성의 권리에 처음으로 눈뜨기 시작한 것은 고등학교 시절에 겪었던 한 사건(?)이 발단이 되었다고 한다.

"이제 우리 인간도 달을 정복해야 한다. 반드시 그 일을 할 것이다."라는 케네디 대통령의 연설에 자극을 받은 힐러리는 우주비행사 훈련에 지원하고 싶다는 간절한 편지를 미국항공우주국(Nasa)에 보냈다. 하지만 나사의 답변은 "여자는 지원할 수 없다."라는 아주 짤막한 답변뿐이었다.

너무나 크게 실망했던 그 당시의 기억을 떠올리며, 그는 자신의 회고록에서 당시 심정을 이렇게 표현했다.

"여자를 싸잡아서 일률적으로 거부한 것은 나에게 깊은 상처를 주었습니다. 그 일이 나중에 내가 모든 종류의 차별과 맞서는 이들에게 더욱 공감하고 동조하는 계기가 되었습니다."

그는 힘 있는 여성에게 힘을 주는 페미니즘feminism 정도가 아니라, 여성들이 더 많은 일을 할 수 있도록 기회를 주어야 한다는 생각을 일찍부터 하고 있었던 것이다.

힐러리는 국무장관 퇴임을 앞두고 빌 클린턴 전 대통령의 비영리 재단 '클린턴 글로벌 이니셔티브(CGI)'가 일리노이 주 시카고에서 주관한 행사에 참석하여, 국무장관에서 퇴임한 후 세 가지 이슈에 관심을 집중할 것이라고 밝혔다. 그것은 '유아 발달'과 '경제 성장' 그리고 '여성의 정치 참여'였다.

그러자 세간에서는 '여성의 정치 참여'에 방점이 찍힌 것이 아니냐고 떠들기도 했지만, 한마디로 자신의 목표를 큰 틀에서 제시한 것이라고 보는 것이 더 타당할 듯싶다. 그만큼 힐러리는 여성들의 참여 기회를 확대하는 일을 중요시 여겼으며, 그들이 더 많은 일을 해야 하는 것은 물론이고 반드시 할 수 있다고 생각했던 것이다.

힐러리는 어머니 도로시 하월 로댐에게서 많은 영향을 받았다. 소 방관 딸로 태어났던 도로시는 부모님의 이혼으로 인해 결국 버림을 받고 조부모의 손에서 학대와 무관심 속에서 어린 시절을 보내며 힘든 성장 과정을 보냈다. 결국 그는 열네 살 때 조부모의 집을 나와 위탁가정에서 생활하며 가사 도우미로 일주일에 3달러씩 벌었다. 하지만 그는 다른 사람들을 배려할 줄 아는 이해심 많은 사람으로 성장했다. 자그마한 체구에 연약했던 도로시 여사는 끝까지 용기를 잃지 않고 공부와 노동을 병행하여 그 당시에 고등학교까지 졸업을 했으며, 고향 시카고로 돌아와 직장을 가진 뒤 가정을 꾸렸다.

힐러리를 강인하게 키운 사람이 바로 어머니 도로시였다. 그는 힐러리가 어렸을 때부터 '여자도 능력을 펼쳐야 한다.'고 강조했다고 한다.

또한 미국 여권운동이 급성장한 1960년대 말에 웰즐리 대학교 학생회장을 맡은 것도 힐러리의 여성 의식에 불을 지핀 계기가 되었다고 보인다. 웰즐리 여자대학은 '최고의 여성 교육기관'이라는 목표와 함께 '세상을 바꾸는 여성으로 교육하라.'는 것이 교육 모토이다. 힐러리도 웰즐리 시절의 훈련과 교육이 훗날 여성 인권을 외치는 데 큰 도움이 됐다고 말한 바 있다.

힐러리는 1995년 중국 베이징에서 열린 제4차 유엔국제여성 콘퍼런스 연설을 통해 여성계의 절대적 지지를 받았다. 거기에서 그는 다음과 같은 명언을 남겼다.

"인권이 여권이고, 여권이 인권입니다."

이 연설에 대해 〈뉴욕타임스〉는 '힐러리 공직 사상 최고의 연설'이라고 극찬했다. 수많은 다른 언론에서도 그대로 베낄 정도였다.

"여성의 권리는 인권과 분리할 수가 없으며 인권의 부속물도 아닙니다. 우리 모두는 모든 여성을 존중과 존엄으로 대우하고, 남자아이와 여자아이를 평등하게 사랑하고 돌보며, 모든 가족이 안정된

상태에서 함께 일하며 희망찬 미래에 대해 희망을 가지는 세계를
만들어가야 합니다."

국무장관 시절 힐러리의 몽골 방문 때 수행했던 국무부 직원이 기
억하는 일화가 하나 있다.

"그 바쁜 일정 속에서 힐러리가 가정집 부엌을 꼭 봐야 한다고 했
습니다. 과거 전임 장관들의 해외 방문 때는 단 한 번도 없었던 일이
었습니다."

그가 부엌 방문을 고집한 것은 전근대적 취사시설에서 나오는 유
독성 가스가 여성의 건강을 해치기 때문이었다. 당시 국무장관으로
일하고 있던 힐러리의 최대 관심사 중 하나에 제3세계 화덕 개조 프
로젝트도 포함되어 있었던 것이다.

2008년과 2016년 민주당 경선과 대선 때 힐러리는 측근들과 대중
들에게 이런 이야기를 자주 언급했었다.

"왜 여성 차별은 인종 차별만큼 심각하게 대접을 못 받는지 모르겠
습니다."

여성 문제가 유권자들 사이에서 별다른 주목을 받지 못하는 데 대
한 답답함의 호소였다. 심지어 힐러리 진영 일각에서는 너무 여성
인권을 주장하면 오히려 다른 유권자 층의 표를 잠식할 수 있다며
여성 포커스의 수위를 낮춰야 한다는 지적도 여러 번 제기되었다.

그러나 힐러리는 끝까지 밀고 나갔다. 자신의 핵심 철학인 여성 인권의 문제들을 포기할 수 없었기 때문이었다.

"세계의 번영과 평화를 위해서는 모든 사람들의 재능이 필요하지만, 이제는 여성도 반드시 각 분야에서 공동의 이익에 기여하는 변화를 만들기 위해 중요한 역할을 담당해야 합니다."

사람이란 그렇다. 대체적으로 여성 리더들은 어느 수준 이상의 자리에 올라가면 양성 평등에 대한 철학이 점점 취약해지고 희생하겠다는 의식마저도 조금씩 약해져버리는 경향을 보인다. 하지만 힐러리 만큼은 예외였다.

그는 여성으로서 최고 높은 자리에 있을 때에도 여성 리더들이 쉽게 빠지는 함정에 빠지지 않고 여성 리더가 가져야 할 마인드를 확고히 유지했으며, 여성들의 지속가능한 성장과 양성 평등에 대해 끊임없이 강조했다. 심지어 사법부에 여성폭행방지 사무소를 새로 만드는 데도 누구보다도 앞장서서 기여하는 등 여성에 대한 관심을 멈추지 않았다. 한마디로 그의 여성 인권 활동상은 가히 위대하다고 말할 만하다.

"미국뿐만 아니라 세계의 모든 정계에서는 아직도 여성에게 끊임없이 이중 잣대를 들이대고 있습니다. 하지만 모든 여성은 여기에서 좌절해서는 안 될 것이며, 미소를 지으며 계속 나아가야 합니다."

21세기 들어 전 세계적으로 여성 정치인들이 국가 최고지도자가 되는 사례가 점점 늘어나고 있다. 현재 전 세계에서 대통령 또는 총리로서 국가 최고지도자가 여성인 나라는 21개국이다. G20 정상회의에 참석하는 정상 20명 중 7명(영국, 독일, 아르헨티나, 호주, 브라질, 한국, 대만)이 여성이다. 여성의 참정권을 인정한 것이 100여 년밖에 안 된다는 점을 감안할 때 괄목할 만한 수치數値라 아니할 수 없다.

정치는 그동안 전통적으로 남성의 대표적인 영역처럼 치부되어 왔다는 점에서 볼 때, 여성이 국가 최고지도자가 된다는 것은 일종의 '금기사항'이 없어졌다는 것을 의미한다. 전 세계적으로 재계에서는 여성 최고경영자가, 정계에서는 여성 지도자가 속속 등장하고 있다. 그것은 그 나라가 추구하는 가치가 강력하게 재편되고 있다는 의미이다.

전 세계적으로 여성 국가 최고지도자가 증가 추세인 이유는 간단하다. 무엇보다 남성 못지않게 능력을 보여주고 있기 때문이다.

힐러리 클린턴은 개인으로서, 여성으로서 여러 가지 수많은 기록들을 세웠다. 최초로 전문 직업을 가진 미국의 퍼스트레이디였고, 퍼스트레이디 출신의 최초 상원의원이자 최초 국무장관이란 타이틀을 지니고 있다. 미국의 공화당과 민주당, 양대 정당의 대선 지명전을 좌지우지한 첫 여성이었다.

그뿐 아니라 그는 여태까지 세상에 없던 여성 리더십의 소유자로, 이제는 여성성을 새롭게 해석하고 응용하지 않으면 정치판에서 살아남기 어렵게 만드는 데도 일조한 것이 분명하다. 힐러리 클린턴은 그렇게 뚜벅뚜벅 우리 앞으로 걸어온 것이다.

힐러리의 여성 철학은 간단하다.

> "여성에게 더 많은 일을 할 수 있는 기회를 주어야 하고, 더 많은 일을 해야 합니다. 미국 사회에는 아직 여성과 우리가 모두 깨야 할 유리천장이 있지만 깨지 못할 벽은 없습니다."

여성들에게는 힐러리가 참으로 고마운 사람이다.

힐러리는 자신을 클린턴이라고 부르는 것보다는 힐러리로 불러주는 것을 좋아한다. 왜 그럴까?

힐러리의 공식 웹사이트에 들어가면 〈힐러리의 페이스북에서 '좋아요'를 눌러주세요.〉나 〈힐러리의 이야기〉와 같은 문구를 사용하고 있음을 알 수 있다.

이것은 '힐러리'라는 이름이 유권자들에게 친근감을 주거나 다가가기 편한 이미지를 심어준다는 이유도 있겠지만, 사실 그것보다는 힐러리 자신의 여성성性을 부각시키기 위함이거나 더 나아가 여권운동에 매진하고 있음을 강조하기 위함인 것이다.

힐러리가 대학을 다니던 시절만 해도 여성에 대한 억압과 차별이 심했다. 만약 힐러리가 여성 인권이나 페미니즘에 대한 투철한 정신과 방향을 세우지 못했더라면 지금의 힐러리는 결코 존재할 수 없었을 것이다.

21세기를 살아가는 오늘날, 여성 권리 등을 운운하는 것은 이미 시대에 뒤떨어진 일이다. 반면 성별 때문에 할 수 있는 일에 제약을 받아야 하는 것도 시대착오적인 발상이다.

여성이기에 할 수 없는 일도 없을 뿐 아니라, 지도자가 남성이어야만 한다는 개념 자체도 구시대의 유물이 되어버린 지 이미 오래다.

그리 오래전 일도 아니지만, 얼마 전까지만 해도 지도자나 지배자의 자리는 남성들의 전유물이었다. 여성들은 남성에게 순종적이어야 했으며, 내조라는 이름으로 남편을 보필하는 것이 여성 최고의 미덕이라 여겼다.

아직도 낡은 사고의 부스러기가 도처에 남아 있으므로 여기에서 완전히 벗어나려면 미래를 준비해 나가는 어린 여학생들을 이끌어 주는 훌륭한 롤 모델들이 필요한데, 힐러리가 적격이다.

힐러리야말로 자신의 꿈을 이루기 위해 굳은 신념과 열망으로 끊임없이 도전하면서, 겪을 수 있는 온갖 시행착오를 다 겪어냈으니까 말이다.

힐러리는 자신이 추구해 온 여성 리더의 철학에 대해 이렇게 말한다.

"여성도 정치를 할 수 있다는 것이 아니라, 해야 합니다. 여성도 리더가 되어야 합니다. 여성도 남성들과 똑같은 양성 평등을 누려야 합니다."

여성이라는 이유로 더 이상 주저앉아 있어서는 안 된다는 말이다. 더 많은 일을 할 수 있다는 확신을 가지고 더 넓은 세상을 향해 나아가라는 외침이다.

28

마지막 순간까지 포기하지 마라

1998년에 뉴욕 주 상원의원이었던 다니엘 패트릭 모이니한이 은퇴를 발표하자, 민주당 인사들이 힐러리에게 출마를 권유하며 설득에 나섰다. 하지만 출마는 그리 쉽게 결정할 일이 아니었기 때문에 힐러리는 심각한 고민에 빠졌다.

그리하여 처음에는 민주당 지도부의 제안을 거절하면서, 뉴욕 상원의원에 출마하게 될 것이라는 언론의 보도와 대중의 억측을 극구 부인했다. 게다가 그의 측근들까지도 승산 없는 선거가 될 것이라며 출마를 말리는 분위기였다.

한국의 정치계 텃세가 심한 것 못지않게 미국의 정치계 텃세도 만만치 않다. 특히 뉴욕이라면 더 말할 나위가 없다. 그 텃세 심한 뉴욕에서 힐러리가 상원의원에 출마한다는 것은 누가 보아도 문제가 많은 것이 분명했다. 힐러리는 뉴욕 태생도 아닌데다 공직에 출마해

본 경험도 없으며, 만약 그가 출마한다면 뉴욕의 터줏대감이자 공화당원인 당시의 뉴욕 시장 줄리아니와 맞붙어야 할 판국이었기 때문이다.

그뿐 아니라 그 무렵 그의 남편이자 당시 대통령이었던 빌 클린턴이 르윈스키 스캔들로 곤욕을 치르는 것은 물론이고 연방 상원에 의해 탄핵까지 당할 판국이이어서, 그렇잖아도 세간의 관심이 온통 힐러리에게 쏠려 있는 상황이었다.

그런데도 민주당 후보로 나선다면 공화당에서는 그를 정치적으로 매장시켜버리기 위해 수단과 방법을 가리지 않을 것이 불 보듯 뻔했다. 그중 남편의 섹스 스캔들은 양날의 검이 될 가능성이 매우 높았는데, 그러다 보면 선거운동은 추악한 전쟁이 될지도 모를 상황이었다. 그렇다고 마음 불편한 퍼스트레이디 역할이 사라진 것도 아닌 상태였기에, 자칫 감정적 공황 상태를 걱정할 정도로 그의 심신은 편치 않았다.

다행인지 빌 클린턴 대통령에 대한 탄핵안이 표결에서 부결되자, 주위에서는 여전히 출마 자체를 말리는 가운데 그럼에도 출마할 거라면 혹독한 뉴욕 대신에 아주 쉽고 편하게 당선될 수 있는 아칸소 주를 선택하라고 권하기도 했다.

눈에 훤히 보이는 여러 장애들, 출마를 단념하도록 권하는 주변 사람들, 승산 없다는 분석들, 남편의 스캔들 사건에도 불구하고 지속하고자 하는 결혼생활에 대한 대중적 비난, 그리고 자신의 미래 등에 대해 심각하게 고민한 힐러리는 결국 '두려워하지 말고 도전하자.'고 결심했다. 빌 클린턴의 아내로서가 아니라 자기 자신인 '힐러리 로댐 클린턴'을 위해 선거전에 본격적으로 나서기로 한 것이다.

힐러리는 그간 미국 전역을 비롯하여 수십 개 나라를 다니면서, 여성이 정치와 행정에 참여하고 공직에 진출해서 제 목소리를 담은 공공 정책을 만들어야 한다고 강조해 왔다. 뿐만 아니라 자국의 미래를 계획하는 것이 중요하다고 역설해 왔는데, 그는 이때가 바로 그러한 생각과 소신을 펼칠 수 있는 기회라고 생각한 것이다.

사실 그 당시에 천문학적인 금액을 제시하는 스카우트 제안들이 그에게 물밀듯이 쏟아져 들어오고 있었다. 영부인으로서의 역할이 끝나고 난 뒤에도 전문 분야에서 자신의 능력을 마음껏 펼칠 수 있을 뿐만 아니라, 혹독한 선거전에 뛰어드는 것보다 훨씬 안락한 생활이 보장되는 여건들이 기다리고 있었던 것이다. 아이비리그 대학 이사장, 지상파 방송 토론 진행자, 대기업 CEO, 재단 운영자 등 다양한 곳에서 그를 서로 모셔가기 위해 물밑 경쟁이 치열했으니까 말이다.

하지만 그는 안주하기보다는 새로운 도전을 선택했다. 그는 자신의 인생에 주어진 과제를 회피하지도 않고, 경쟁 또한 두려워하지 않겠다고 마음먹었다. 그 길이 얼마나 험하고 지난한지를 누구보다도 잘 알고 있었지만 그는 자신의 소신과 결단력을 믿고, 새로운 도전인 정쟁政爭 속으로 또다시 뛰어들기로 결정했던 것이다.

이렇게 당당하기만 했던 힐러리이지만, 훗날 그는 자신의 자서전 ≪힘든 선택들Hard Choices≫을 통해 변화를 위한 도전이 얼마나 힘든 일인지를 고백하기도 했다.

"새로운 도전에는 늘 망설임과 두려움이 함께 동반합니다. 그래서 변화에의 도전은 항상 힘이 드는 것입니다. 중요한 것은 미국이라는 나라에 맞서는 문제들을 꺼내서 분석하고 우리에게 주어진 역할을 위해 우리가 바꾸어야 한다는 것을 아는 일입니다. 앞으로 우리 미래를 그리기 위해서는 더욱더 책임감을 가져야 할 것입니다. 그러므로 나에게 있어서 도전은 정치를, 불가능을 가능케 하도록 실현하는 것입니다."

힐러리의 상원의원 출마 사실이 알려지자, 차기 대권을 노리는 것이 아니냐는 예측까지 나오면서 전국적인 관심을 끌었다. 미국의 퍼스트레이디가 공직자 선거의 후보로 나선다는 것도 쉬운 일이 아니지만 매우 이례적인 일이었기 때문일 것이다.

선거운동을 시작한 후 처음에는 초보자다운 실수를 저지르기도 했다. 하지만 그는 뉴욕 주의 62개 군을 모두 방문하는 힘든 과정을 소화해 내면서, 유권자들에게 가까이 다가가기 위해 노력했다. 뉴욕의 정치 풍토가 갖고 있는 다양성과 복잡성을 배우고, 빌 클린턴과 결혼생활을 계속해 나가는 그에게 실망하거나 분개하는 여성들에게 손을 내밀며 그들을 설득해 나갔다.

그런 중에 큰소리치던 경쟁자들이 줄줄이 후보직을 사퇴하기 시작했다. 그중에서도 가장 강력한 후보가 되리라 예상했던 줄리아니 시장마저 건강상의 이유로 사퇴 의사를 밝혀, 공화당 후보로 나선 릭 라지오와 경쟁하게 되었다. 그는 인신공격이 아니라, 쟁점에 초점을 맞추어 비판하는 정책 위주의 전략적 선거운동을 통해 공화당의 공세에 당당하게 맞섰다.

그리고 마침내 2000년 11월 8일에 실시된 선거에서 승리하여 뉴욕 주 상원의원에 당선됐다. 뉴욕 주 사상 첫 여성 상원의원이 탄생된 것이다.

망설임과 두려움을 극복하고 도전하는 힐러리의 삶은 우리에게 큰 영감을 준다. 역사학자 아놀드 조셉 토인비는 '문명은 도전과 응전의 과정'이라고 말하지 않았던가.

그렇다! 하고 싶은 것이 있고, 또한 되고 싶은 것이 무엇인지 안다는 것은 참으로 중요한 일이다. 하지만 그것보다 훨씬 더 중요한 것은, 이루고 싶어 하는 꿈과 목표를 향해 나아갈 때 두려워하지 않는 '도전정신'과 1%의 가능성만 있어도 포기하지 않는 '불굴의 자세'를 지녀야 한다는 것이다.

지금 만약 꼭 하고 싶은 일이 있다면, 그 일을 하지 않으면 후회할 것 같다면, 주저하지 말고 일단 도전해야 한다. 포기해서 달라지는 것은 아무것도 없기 때문이다. 혹여 현재를 위해서 미래를 버린다고 해도, 그 현재는 결코 아무것도 달라지지 않는다.

하고자 하는 의지와 열정만 있다면 세상이 먼저 도움의 손길을 내미는 것이 세상의 이치이다. 자신이 먼저 변해야 세상도 함께 변하는 것이다.

힐러리가 대단해 보이는 이유 중 하나는 어려운 여건 속에서도 절대 포기하지 않겠다는 똑 부러진 의지가 있었다는 것이다. 또한 수많은 어려움과 불리한 여건 속에서도 희망을 포기해서는 안 된다는 승리자의 마음을 가지고 있었다는 것이다. 그러한 마음가짐과 삶을 대하는 자세가 있었기에 숱한 고난을 극복해 낼 수 있었다는 말이다.

그렇다! 포기와 좌절, 그리고 그 두려움을 견디며 꿈을 이루었던 사람들을 보면 대부분 환경의 지배를 받지 않았음을 알 수 있다. 그들은 편안한 현실에 안주하지도 않고 힘이 들어도 주저앉지 않는 특징이 있다. 또한 그들 대부분은 힐러리처럼 포기하지 않고 도전함으로써 자신에게 주어진 시련을 이겨낸 용기 있는 승리자들이다.

이와 관련하여, 힐러리는 이런 말을 한 적이 있다.

"기꺼이 위험을 감수할 수 있는 일을 하세요. 하고 싶은 일을 하라
는 말로는 모자랍니다. 그 일을 위해서라면 기꺼이 어떤 위험도 감

수할 수 있는 그런 일을 하십시오. 어려움을 무릅쓰고 도전하세요. 절대 경쟁을 두려워하지 마십시오. 당신은 당신이 원하는 그 어떤 것이든지 될 수 있습니다. 좋아하는 것을 하고, 다른 사람들과 힘을 합하고, 당신의 꿈을 따라가세요. 그리고 변화를 두려워하지 말고 과감하게 도전하십시오."

65세라는 나이에 다시금 새 출발을 해서 성공을 이룬 사람이 있다. 세계 최대의 치킨 체인점인 켄터키프라이드치킨(KFC) 창업주 커널 할랜드 샌더스 얘기다.

그는 그가 여섯 살 되던 해에 아버지가 세상을 떠나, 생계를 책임지게 된 어머니를 대신하여 두 동생을 돌봐야만 했다. 그러다 보니 자연스럽게 어머니와 동생들을 위해 음식을 만들어야 했고, 어지간한 집안일도 그의 몫이 되었다. 그리고 그는 열 살의 어린 나이인데도 농장에서 일을 해야만 했다.

더구나 샌더스가 열두 살이 되던 해에는 재혼한 어머니가 계부의 폭력으로 가출까지 했기에 닥치는 대로 일을 하지 않으면 안 될 형편이 되었다. 페인트공, 증기선 선원, 타이어 영업사원, 주유소, 보험설계사, 철도노동자 등으로 25년 넘게 부지런히 일을 했다. 하지만 박봉인지라 늘 가난하고 힘들게 살았다. 하지만 그의 근면과 성실은 그 누구에게도 뒤지지 않았다.

어린 시절부터 묵묵히 땀 흘려 모은 재산으로 그는 40세 되던 해에 미국 켄터키 주의 '코빈'이라는 작은 도시에서 주유소 뒤에 있는 조그만 창고를 개조하여 자신만의 조리법으로 만든 닭튀김을 만들어 팔기 시작했다.

그는 당시 널리 사용되던 팬 튀김 방식보다 조리시간이 빠른 압력 튀김 방식을 개발하여 닭을 튀겼는데, 날로 훌륭해진 솜씨로 그의 치킨 튀김이 소문나기 시작하더니 손님들이 줄을 서서 기다릴 정도가 되었다. 그리하여 급기야는 자신의 식당을 열게 되었고, 결국엔 주유소를 없애고 정식으로 요식업에 뛰어들었다.

하지만 인생은 생각대로 흘러가 주지 않았다. 가게 앞으로 고속도로가 생기는 바람에 손님들의 발길이 끊기자, 그는 다시 빈털터리가 되어버렸다. 시련이었다. 인생에서 가장 큰 시련이었다. 참으로 열심히 살았음에도 아무것도 이룬 것 없이 어느덧 그는 예순다섯의 노인이 되어버렸으니 말이다. 하지만 그 나이에도 그는 절망만 하고 있지 않았다.

이제 그의 수중에 남은 돈은 사회보장 연금으로 받은 105달러가 전부였다. 그는 낡아빠진 트럭과 함께 남은 돈을 몽땅 털어 다시 길을 떠났다. 자신이 튀긴 닭이 세상에서 제일 맛있다고 자부하고 있었기 때문에 자신의 독특한 조리법인 그 기술을 팔아 돈을 벌 수 있을 거라 확신했던 것이다. 트럭에서 잠을 자고, 휴게소 화장실에서 세수와 면도를 하며 미국 전역을 돌아다녔다.

하지만 그의 기술은 팔리지 않았고, 주변의 시선은 냉랭하기 그지 없었다. 극복해야 할 시련들은 가는 곳마다 널려 있었으며, 그가 믿었던 소중한 꿈은 사람들에게 외면당하기 일쑤였다. 그러나 그는 개의치 않았다.

고된 생활을 하며 전국을 누빈 지 어언 3년, 거절당한 것만도 무려 1,008번에 이르렀다. 영업을 위해 찾아가는 식당마다 그의 조리법을 반기는 곳은 없었다. 결국은 포기할 수밖에 없는 도전이라는 생각이 꾸역꾸역 올라올 법한 상황이었다.

어느덧 그의 나이 68세. 하지만 그 어마어마한 시련과 역경 속에서도 그는 자신의 의지와 꿈을 꺾지 않았다. 그리고 마침내 1,009번째로 찾아간 한 조그마한 레스토랑에서 치킨 한 조각당 4센트의 로열티를 받는 조건의 첫 계약서를 손에 쥐게 되었는데, 그곳이 바로 오늘날의 KFC 1호점이다. 그리고 붙여진 이름은 'Kentucky Fried Chicken'. 세상에서 가장 유명한 '캔터키프라이드치킨' 체인점 1호는 이렇게 탄생되었고, 화장실로 달려간 그는 소리 내어 엉엉 울었다.

지금은 전 세계에 무려 1만 개가 넘는 KFC 매장이 있다. 68세의 나이, 105달러라는 턱없는 사업자금, 그리고 1,008번의 거절 속에서도 1,009번째 만에 기적이 이루어졌던 것이다.

그가 세상을 떠난 지 30년이 넘었지만 용기를 잃지 않고 시작한 파란만장한 인생 역전기는 많은 사람들에게 큰 감동과 함께 교훈을 남겨주었다. 그는 지금도 세계 107여 개국 1만5천여 개의 매장 앞에서 백발의 온화한 미소로 우리를 맞이해 주고 있다.

그렇다. 커다란 성공을 거둔 사람들에게는 한 가지 공통점이 있다. 그것은 실패와 좌절 그리고 어떠한 어려움 속에서도 결코 물러서지 않았다는 것이다. 기회가 왔을 때 도전하지 않으면 평생을 두고 후회한다는 것을 우리도 잊지 말아야겠다.

사람에게는 그 무엇과도 바꿀 수 없는 생명이라는 것이 있다. 생명이 있기에 앞으로 나아갈 수 있는 기회도 만들어 나갈 수 있는 것이다. 비록 작은 꿈이라 할지라도 스스로 포기만 하지 않는다면 그 꿈은 반드시 이루어질 것이다.

사실 힐러리는 캐리커처나 마스코트가 아니다. 그에겐 수많은 장점들이 있지만 사실 결점도 많이 가지고 있다. 그리고 성공뿐만 아니라 숱한 실패를 경험한 실존 인물이다.

그는 어떤 위기에서도 포기하지 않는 강인한 도전정신으로, 목표를 향해 달리는 일을 단 한 번도 멈춰 본 적이 없다.

그렇다. 포기는 또 다른 장벽을 만든다. 포기라는 것은 자칫 습관이 되어버릴 수도 있으므로 특히 경계해야 한다.

"나 역시 힘든 결정의 기로에 설 때면 다른 사람들과 마찬가지로 고민합니다. 그러나 나는 도전을 피하지 않고 부딪치기로 했습니다. 실패하면 뭐 어떻습니까. 그 과정에서 얻는 것이 있으면 되는 것입니다."

새로운 도전과 개척정신, 그리고 희망을 가지고 살아간다는 것은 우리 인간만이 가질 수 있는 신의 은총이다. 힐러리는 신의 은총을 마음껏 누렸던 사람인 것이 분명하다.

우리 모두도 끝까지 열정을 다해 꿈과 목표를 향해 달려가자. 포기만은 하지 말자.

포기는 죽는 것이다. 포기하는 순간 모든 것이 사라져버려, 평생을 아쉬움과 후회라는 그늘 속에서 살아가게 될 것이다. 그리고 그 후유증은 평생 우리를 따라다니는 짐으로 남을 것이다.

29

멈추지 말고, 꿈을 향해 달려가라

우리 모두는 성공하기를 원한다. 하지만 그 성공이 모든 사람들에게 다 찾아오는 것은 아니다.

중요한 것은 끊임없이 자신을 발전시키고, 보다 더 중요한 가치를 향해 멈추지 말고 나아가야 한다는 사실이다. 그리고 세상과 부딪히면서 세상에 맞설 힘을 키워 나가야 한다는 것이다.

그렇게 하기 위해서는 당당한 자신감을 가져야 한다. 맹목적인 자신감이나 오만함이 아니라 '나도 할 수 있다.'는 자신감 말이다.

도전으로 시작된 힐러리의 파란만장한 인생을 살펴보면, 인간의 한계를 넘어서는 수준의 노력을 하면서 자신의 꿈을 향해 멈추지 않고 달려갔음을 알 수 있다.

또한 그에게는 수많은 장애물을 디딤돌로 활용할 수 있는 능력과 숱한 위기 상황에서도 이를 극복하고 자신의 영향력을 끊임없이 키워 나가는 당당한 자신감이 있었다.

그렇기에 그의 꿈이 여전히 유효한 것이다.

어느 날 빌 클린턴 전 대통령과 힐러리가 함께 차를 타고 가다가 마침 기름이 떨어져 한 주유소에 들렀는데, 우연하게도 그 주유소 사장이 힐러리의 옛 남자친구였다. 주유소를 빠져나오면서 빌 클린턴 전 대통령이 아주 의기양양하게 힐러리에게 말했다.

"하하, 당신이 그때 나 아닌 저 친구와 결혼했더라면 당신은 지금쯤 저 주유소 사장 부인이 되었겠지?"

그러자 힐러리의 똑 부러지는 대답이 날아갔다.

"아니. 저 사람이 나랑 결혼했다면, 저 사람이 미국 대통령이 되었
을 거야!"

물론 당당한 자신감만으로 꿈을 이룰 수 있는 것은 아니다. 어떤 사람들은 세상일이 당당함만으로 이루어지는 것은 아니라면서, 이는 오히려 자기 인격을 저하시킬 수 있다고 경계하기도 한다.

하지만 아니다! 페이스북 최고운영책임자이며 억만장자로 자수성가한 셰릴 샌드버그는 "여성들이여, 야망을 가지면 사랑받지 못할 것이라는 두려움을 떨쳐라."라고 말했다. 인생은 경쟁을 두려워하지 않고 당당하게 저지르는 자의 몫이라는 것이다.

당당한 자신감을 한마디로 정의하면 경쟁을 두려워하지 않는 것

인데, 우리는 성공하는 방법을 몰라서 성공하지 못하는 것이 아니다. 방법을 알아도 제대로 실천하지 못하기 때문이다.

힐러리는 어디를 가든지 여성들을 향해 이렇게 외쳤다.

"여러분들은 남의 말에 흔들리지 않는 자신감을 가진 당당한 여자가 되십시오."

힐러리, 그 역시 아주 오랫동안 수많은 두려움과 실패를 경험했다. 그러나 그는 두려움이라는 절망의 감옥에 단 한 번도 갇혀 있지 않았다. 오히려 그 두려움과 실패들을 극복하기 위해 더 당당해지려고 노력했다. 그리고 늘 새로운 방법을 추구하는 훈련을 통해 일관성 있게 자신이 원하는 상황을 만들어 나갔던 것이다.

힐러리가 자신 스스로를 소개했던 글을 보면 이런 내용이 나온다.

"나는 아내였고 엄마였다. 그리고 변호사, 여성 인권 옹호자, 퍼스트레이디, 기업 이사, 상원의원, 국무부 장관, 반려견 주인, 그리고 유리천장을 깬 사람, 나머지는 나중에 결정하겠습니다."

여기서 유리천장이란 '한 조직에서 여성이 높은 자리로 올라가는 것을 막는 보이지 않는 벽'이라는 뜻이다.

물론 힐러리가 뛰어난 정치가인 빌 클린턴의 아내라는 부수적·종속적인 위치에서 정치를 시작한 것은 사실이다. 하지만 여느 정치인들과는 달리 기존의 틀을 과감히 깨뜨려버리고, 혁신적인 커플로 행동하면서 미국의 대중을 뒤흔들어놓은 것 또한 명백한 사실이 아니겠는가.

힐러리에게는 분명 꿈이 있었다. 그의 마지막 꿈은 대통령이 되는 것이었다.

그러나 미국 대통령은 누구나 쉽게 꿀 수 있는 꿈이 아니었다. 더구나 여자로서 말이다. 하지만 힐러리는 말로 다하지 못할 고통과 아픔의 좌절을 맛보면서도, 새로운 도전과 희망을 위해 용기를 갖고 당당하게 나아갔다.

뿐만 아니라 힐러리는 포기하지 않고 도전하면 자신이 원하는 꿈에 가까이 다가설 수 있다는 믿음을 가지고 있었다. 그랬기에 비록 마지막 순간에 실패의 쓴맛을 봤지만 역사의 한 페이지를 의미 있게 장식할 수 있었던 것이다.

우리가 여전히 힐러리에게 박수를 보내는 것도, 시련에도 좌절하지 않는 그를 보면서 접어두었던 꿈을 다시 끄집어내거나 무엇인가를 다시 시작할 수 있다는 '희망'과 '용기'가 생기기 때문일 것이다.

또한 그의 삶을 들여다보다 보면 더 이상 지금의 자리에 주저앉아 있지도 말고, 더 이상 불평하지도 않으면서 '꿈은 반드시 이루어진다.'는 믿음과 확신을 가지고 도전해야겠다는 의지가 생기기 때문일 것이다.

이제는 높은 지위와 권력을 가진 것만으로, 많은 돈을 번 것만으로는 아무도 성공한 삶을 살았다고 말하지 않는다. 자신의 꿈을 향해 멈추지 않고 달려가는 것, 그것이 삶의 진정한 성공이라는 것을 우리 모두가 알게 되었기 때문이다.

성공한 삶을 원하는가?
그렇다면 자신의 꿈을 위해 도전해라! 힐러리처럼…….

◇ 힐러리 클린턴의 발자취

1947년 10월 26일, 일리노이 주 시카고 교외지역 파크리지Park Ridge에서 작은 섬
유업체를 운영하는 아버지 휴 로댐과 어머니 도로시 하월 로댐 사이에서 1녀 2남
중 첫째로 태어나다.

부모님은 독실한 기독교 신자로 두 분 다 버지니아의 평범한 집안 출신이다.

1964년(17세) 시카고 근교 파크리지에 있는 메인 이스트 고등학교 재학 중 전미
우수학생 회원으로 선정.

1965년(18세) 메인 이스트 고등학교를 상위권 성적으로 졸업.

1965년(18세) 공화당 대통령 후보 베리 골드워터의 선거운동에 자원봉사자로 참여.

1965년(18세) 미국의 여성 수재들만 모인다는, 동부의 매사추세츠 주 웰즐리 여
자대학교에 입학.

1968년(21세) 총학생회장으로 선출.

1969년(22세) 웨즐리 여자대학에서 정치학 전공, 심리학 부전공으로 공부한 후 전체
수석으로 졸업. 웰즐리 여자대학 최초로 졸업생이 대표로 연설하는 선례를 남기다.

1969년(22세) 예일 대학 로스쿨 입학. 아칸소 주 출신 법학도 빌 클린턴을 만나다.

1970년(23세) 〈예일 대학 로 저널 *Yale Law Journal*〉의 편집위원장으로 일하다.

1973년(26세) 예일 대학 로스쿨 졸업, 법과대학원에서 박사학위(J.D) 취득. '어린
이와 법'에 대한 학술 논문 발표.

1973년(26세) 변호사 시험 합격.

1974년(27세) 워터게이트 사건의 주역인 리처드 닉슨 대통령의 탄핵을 담당한 미
하원 법사위원회에서 탄핵 조사위원이 되다.

1974년(27세) 일류 로펌들의 스카우트 제의를 마다하고, 아칸소 대학교 로스쿨 교수(형법, 재판 변호)로 근무.

1975년(28세) 5년간의 열애 끝에 빌 클린턴과 결혼, 아칸소 주로 이주. 남편 성을 따르지 않다.

1976년(29세) 로즈 로펌에 입사해 변호사로 활동.

1978년(31세) 아칸소 주 농촌지역건강지원위원회 회장.

1978년(31세) 빌 클린턴, 아칸소 주 주지사 당선.

1979년(32세) 로즈 로펌의 공동 경영자가 됨과 동시에 법률회사 최초 여성 경영자가 되다.

1980년(33세) 빌 클린턴, 국정 실패와 제니퍼 플라워스 스캔들로 인해 아칸소 주 주지사 재선에 실패. 딸 첼시 출생.

1982년~1992년 아칸소 교육표준위원회의 회장. 빌 클린턴, 아칸소 주 주지사 재당선.

1982년(35세) 힐러리 로댐에서 힐러리 클린턴으로 성을 바꾸다.

1984년(37세) 미국 아칸소 주 '올해의 여성, 올해의 어머니 상' 수상.

1985년(38세) 아칸소 주 주지사인 클린턴 옆에서 교육개혁위원장으로 일하며, 교육 개혁을 성공적으로 이끌다.

1987년~1991년 미국 변호사협회 최초로 여성 회장이 되다.

1991년(44세) 미국에서 가장 영향력 있는 변호사 100인에 선정.

1992년~2001년 빌 클린턴, 미국 제42대 대통령에 당선. 퍼스트레이디로서 활동.

1993년(46세) 백악관 건강보험 개혁 시도했지만 실패. 테스크포스 팀장으로 영입되다.

1994년(47세)건강보험 개혁안 의회 통과 실패.

1995년(48세) 유엔 국제여성 컨퍼런스에서 '여성 인권' 주제로 연설.

1996년(49세) 빌 클린턴, 대통령에 재당선.

1998년(51세) 빌 클린턴 대통령, 백악관 인턴기자 모니카 르윈스키 스캔들로 인해 하원에서 탄핵 의결 통과.

1999년(52세) 빌 클린턴 대통령, 상원에서 탄핵안 부결.

2000년(53세) 뉴욕 주에서 첫 번째 여성 상원의원으로 당선.

2006년(59세) 상원의원 재당선.

2008년(61세) 마틴 루터 킹 센터 선정 '올해의 지도자상' 수상.

2008년(61세) 첫 대권 도전 실패.

2009년(62세) 오바마 1기 행정부 국무부 장관에 임명되다.

2015년(68세) 두 번째 대권 도전 공식 선언.

2016년(69세) 민주당 대통령 후보로 지명 받다. - 미국 최초 주요 정당 여성 대통령 후보.

◇ 참고 문헌

힐러리처럼 일하고 콘디처럼 승리하라 (강인선, 웅진지식하우스, 2006년)

여자라면 힐러리처럼 (이지성, 다산라이프, 2010년)

빌 클린턴 Giving 기빙: 우리 각자의 나눔으로 세상을 바꾸는 법 (빌 클린턴, 김태훈 역, 물푸레, 2007년)

숨은 권력자, 퍼스트레이디 (케이티 마턴, 이창식 역, 이마고, 2002년)

오바마 이야기 (헤더 레어 와그너, 유수경 역, 명진출판사, 2008년)

힐러리와 라이스, 성공 리더십 (기시모토 유키코, 한성기 역, 김영사, 2007년)

Bill Clinton, **My life** (Random house 2004)

Blumenthal Karen, **A Woman Living History** (Feiwel and Friends 2016)

Carl Bernstein, **A Woman in Charge** (Alfred A. Knopf, Publisher, New York 2007)

Dennis Abrams, **Hillary Rodham Clinton: Politician** (Women of Achievement)
(Library Binding 2009)

Dick Morris, **Condi vs Hillary** (PerfectBound New York 2005)

Ellen Malcolm, **When Women Win** (Houghton Mifflin Harcourt Boston, NY 2016)

Gil troy, **The age of Clinton** (St, Martin's Press 2015)

Hillary Rodham Cliton, **Hard Choices** (Simon & Schuster 2014)

hillary Rodham Cliton, **living History HRC** (Simon & Schuster New York 2003)

Joy Ann Reid, **Fracture** (happer Collins Publishers 2015)

Joanne Cronrath Bamberger, **Love Her, Love her not** (She writes Press 2015)

Jonathan Allen & Amie parnes, **H R C** *(Crown Publishers New York 2014)*

R. Emmett Tyrrell, Jr & Mark W. Davis, **Madame Hillary** *(Regnery Publishing, Inc 2004)*

Robert M. Gates, **Duty** *(Alfred A. Knopf 2014)*

Time Magazine, **Hillary an American Life** *(Published Time Magazine 2008)*

William H. Chafe, **Bill and Hillary** *(Farrar, Straus & Giroux New York 2012)*

❀ 책 속으로…

❀ "……우리는 세상에서 가장 높고 단단한 유리천장을 아직 깨지 못했습니다. 그러나 언젠가, 누군가가 반드시 해낼 겁니다. 우리가 지금 생각하는 것보다 가까운 미래겠지요.

지금 이 장면을 지켜보는 모든 소녀 여러분! 여러분은 소중하고 강한 존재들입니다. 여러분의 꿈을 추구하고 이루기 위해 세상의 모든 기회와 가능성을 누릴 자격이 있는 존재임을 결코 의심하지 마십시오." ☞ (8쪽~9쪽)

❀ "……성경에는 '우리가 선을 행하되 낙심하지 말지니 포기하지 아니하면 때가 이르매 거두리라.'라는 구절이 있습니다. 우리가 각자 믿음을 가지고 선한 일에 힘쓰면 적정한 때에 수확할 것임을 확실히 믿습니다." ☞ (9쪽)

❀ 힐러리, 그는 눈앞에 닥친 어려움을 새로운 기회로 포착하여 이용할 줄 아는 지혜를 갖고 있었다. 숱한 역경과 어려운 조건들이 때로는 그를 미치도록 힘들게 했지만, 위기를 극복해 나가겠다는 강한 의지와 처한 상황을 솔직하게 인정하는 당당함으로 모든 기회를 스스로 만들어 나갔다. 위기의 상황일수록 수평을 유지하며 자신에게 닥친 수많은 난관을 오히려 기회로 만들어 나가는 그의 당당함은 경이에 가까울 정도였다.

또한 그는 위기 극복 리더십의 상징으로 꼽히기에 충분한 '희생정신'을 지니고 있었다. 자신이 가진 것 중 결코 버리고 싶지 않은 것을 과감하게 버리거나 죽기보다 싫은 일을 기꺼이 감내해 내는 것도 '희생'의 범주에 넣을 수 있다면, 그가 보여준 행동들이야말로 자신을 향한 진정한 희생임에 틀림없다. ☞ (29쪽)

❀ 사람들은 누군가가 자신을 배신하게 되면 배신감에 어쩔 줄 몰라 하면서도 억

울하고 서운한 감정을 속으로만 삭이는 경우가 적지 않다. 그리고 어떤 사람은 오히려 상황이 악화되어질까 봐 침묵하거나, 아니면 '그래, 세상은 원래 다 그런 것이야.' 라며 쉽게 체념해버리곤 한다. 이러한 현상을 심리학에서는 '배신에 눈감기 Betrayal Blindness' 라고 한다.

하지만 배신에 대한 기억을 억지로 지우려 하거나, 모르는 척하면 할수록 배신의 상처는 깊어진다. 배신에 훼손당한 마음의 상처를 회복하기 위해서는 오히려 두 눈 부릅뜨고 배신을 직시할 필요가 있는 것이다. 배신에 대해 대응하지 않는 것은 결국 치유할 기회를 놓치는 것과 다름없기 때문이다. ☞ (35쪽)

❀ 우리 인생은 연극이 아니다. 연극에는 대본이라도 있다. 그 대본대로 움직이면 된다. 하지만 삶은 말 그대로 생방송이다. 참고할 만한 쪽지나 대본 같은 것도 없다. 목표가 정당하다면 용기를 갖고 일어나 힐러리가 그랬던 것처럼 그 장애물을 넘어서는 방법을 모색할 수밖에 없는 것이다. ☞ (47쪽)

❀ 빌 게이츠는 "오늘날의 나를 있게 한 것은 우리 동네 도서관이었다. 하버드 대학교 졸업장보다 나에게 더 소중했던 것은 독서하는 습관이었다."고 말한다. 책으로 다져진 내면의 힘이 없었다면 오늘날의 자신이 존재할 수 없었다는 것이다. 책을 읽지 않고 성공하겠다는 것은 운동도 하지 않고, 거기에다 담배까지 피우면서 건강하게 오래오래 살겠다는 것과 전혀 다를 바가 없다고 비유하기도 했다. ☞ (70쪽)

❀ 하지만 화를 참는 것은 결코 쉽지 않다. 그래서 우리는 그 화를 참고 다스릴 수 있도록 훈련을 해야 하고, 조절과 통제의 문제에 초점을 맞추어서 조심스럽게 다뤄야 한다. 그 이유는 죽어도, 싫어도, 결국엔 내가 처절하게 후회하는 인생을 살아가지 않기 위해서이다.

물론 순간의 감정을 다스리는 것도 엄청 힘들다. 그러나 그 순간의 시간만 흐르고 나면 비로소 내 삶이 자유로워질 수 있다는 확실한 믿음을 갖고, 평정심을 유지하

도록 노력해야 한다. ☞ (133쪽)

❀ 아내가 남편을 만나고 남편이 아내를 만나는 것은 인생 최고의 친구를 갖게 되는 일이며, 부부로 산다는 것은 서로에게 평생 우산이 되어 주는 일이다. 그런 의미에서 배우자는 죽는 순간까지 같은 방향을 바라보며 가야 하는, 이 세상에 단 하나밖에 없는 남자이며 여자로서 서로에게 삶의 이유가 되어 주는 존재이다. ☞ (176쪽)

❀ 인생은 결국 자기 자신과의 싸움이다. 세상에서 가장 강한 사람은 상대방을 이기는 사람이 아니라 자신을 이기는 사람이다.
세상에는 이겨야 할 상대가 너무 많지만, 그렇다고 70억의 타인과 다 싸울 필요는 없다. 단 한 사람, 자기 자신을 이기는 힘만 키우면 되는 것이다. ☞ (215쪽)

❀ 망설임과 두려움을 극복하고 도전하는 힐러리의 삶은 우리에게 큰 영감을 준다. 역사학자 아놀드 조셉 토인비는 '문명은 도전과 응전의 과정'이라고 말하지 않았던가.
그렇다! 하고 싶은 것이 있고, 또한 되고 싶은 것이 무엇인지 안다는 것은 참으로 중요한 일이다. 하지만 그것보다 훨씬 더 중요한 것은, 이루고 싶어 하는 꿈과 목표를 향해 나아갈 때 두려워하지 않는 '도전정신'과 1%의 가능성만 있어도 포기하지 않는 '불굴의 자세'를 지녀야 한다는 것이다. ☞ (253쪽)

❀ 이제는 높은 지위와 권력을 가진 것만으로, 많은 돈을 번 것만으로는 아무도 성공한 삶을 살았다고 말하지 않는다. 자신의 꿈을 향해 멈추지 않고 달려가는 것, 그것이 삶의 진정한 성공이라는 것을 우리 모두가 알게 되었기 때문이다. ☞ (264쪽)